W0189911

ROT LICHT KRIEG

Auf Leben und Tod gegen
die HELLS ANGELS

JAN »MIAMI GIANNI« SANDER

mit Marc-André Rüssau

ROT
LICHT
KRIEG

Auf Leben und Tod gegen
die HELLS ANGELS

riva

Bibliografische Information der Deutschen Nationalbibliothek:
Die Deutsche Nationalbibliothek verzeichnet diese Publikation in der
Deutschen Nationalbibliografie; detaillierte bibliografische Daten sind im Internet über
http://d-nb.de abrufbar.

Für Fragen und Anregungen:
Rotlichtkrieg@rivaverlag.de

Originalausgabe
1. Auflage 2013
© 2013 by riva Verlag, ein Imprint der Münchner Verlagsgruppe GmbH,
Nymphenburger Straße 86
D-80636 München
Tel.: 089 651285-0
Fax: 089 652096

Redaktion: Caroline Kazianka
Umschlaggestaltung: Maria Wittek
Umschlagabbildung: Martin Kath
Satz: Georg Stadler, München
Druck: GGP Media GmbH, Pößneck
Printed in Germany

ISBN Print 978-3-86883-283-9
ISBN E-Book (PDF) 978-3-86413-288-9
ISBN E-Book (EPUB, Mobi) 978-3-86413-289-6

Weitere Informationen zum Verlag finden Sie unter
www.rivaverlag.de
Beachten Sie auch unsere weiteren Verlage unter
www.muenchner-verlagsgruppe.de

INHALT

VORBEMERKUNG

Einzelne Namen und Orte in diesem Buch wurden verändert, um Persönlichkeitsrechte zu schützen. Außerdem wurden Details der Schilderungen geändert oder weggelassen, um Informanten vor einer Verfolgung durch Ermittlungsbehörden zu bewahren.

VORWORT: ICH, GIANNI SANDER

»Jahrelang war Ruhe im Rotlichtmilieu. Doch jetzt bahnt sich offenbar ein neuer Krieg unter Zuhältern an.«

BILD, 20.9.2007, »Scharfe Schüsse im Saunaclub«

Ich kenne einen der Männer, Marcel M., im Hamburger Rotlichtmilieu hat er sich den Namen »Knochenbrecher-Marcel« erarbeitet. Er ist Kickboxer, verdient sein Geld mit Inkasso. Wer Marcel nicht bezahlt, dessen Sicherheit ist sehr schnell nicht mehr gewährleistet. Vor ein paar Jahren war er in der Boulevardpresse, da er nach einem Autorennen einen Kontrahenten abgestochen hatte. Der Richter nahm ihm später allerdings Notwehr ab.

Jetzt steht er vor mir, in der Tür von meinem Büro im Saunaclub »Tropicana«. Schmächtig im Vergleich zu mir mit meinen knapp 1,90 Metern und 133 Kilogramm Muskeln. Zur Unterstützung hat er drei Männer mitgebracht – und einen Revolver.

In mir steigt die Wut hoch. Ich bin nicht wütend auf Marcel: Er lebt nun mal von dieser Art von Aufträgen. Aber ich ärgere mich über die Respektlosigkeit seiner Auftraggeber.

Ich bin Gianni Sander. Ich habe Millionen mit Drogen verdient, bin durch die harte Schule als Straßenzuhälter auf der Reeperbahn gegangen, habe Edelbordelle geleitet und den Saunaclub in Hamburg-Wandsbek hochgezogen. Und sie schicken mir einen dahergelaufenen Inkasso-Schläger. Und der bedroht mich in MEINEM Club mit einer Waffe.

»Marcel, was soll die Scheiße?«, frage ich.

Statt einer Antwort holt Marcel aus, schlägt mir die Faust ins Gesicht. Meine Nase knackt. Es wird also ernst werden. Dann setzt er die Waffe auf meinen Schädel. Ich ducke mich weg, es knallt, die Kugel streift meinen Hinterkopf. Ich sehe nichts mehr, weil Blut über mein Gesicht strömt, und durch den Knall bin ich taub.

Ich springe auf, es geht so schnell, dass die vier Männer zu verdattert sind, um zu reagieren. Vielleicht, weil ich nicht tot bin. Diese Sekunden der Verwirrung retten mir das Leben.

Ich dränge die Männer durch den Türrahmen, drücke die Tür zu und stemme mich von innen dagegen.

Wenn sie es ernst meinen, das weiß ich natürlich, sind die ganz fix wieder drinnen. Ich schmecke das Blut in meinen Mundwinkeln. Der zweite Schuss fällt. Die Kugel durchschlägt die Tür in Kniehöhe und verletzt meine Freundin, die in einer Ecke des Büros kauert und schreit, am Schienbein.

Ich kann sie nicht hören, seit dem ersten Schuss pfeift es nur noch in meinen Ohren, aber ich sehe aus dem Augenwinkel ihren aufgerissenen Mund, ihre in Panik geweiteten Augen. Alles läuft wie in Zeitlupe ab. Meine Reise, denke ich, ist hier wohl zu Ende. Mein Blick wandert durch mein Büro, über das Lebkuchenherz, »Puff-Papi« steht darauf, meine Mädels haben es mir vom Hamburger DOM mitgebracht, dann schaue ich auf das Foto meines Sohnes. Er wohnt weit weg von Hamburg, in Frankfurt am Main, bei seiner Mutter. Ich überlege, wann ich ihn zum letzten Mal gesehen habe. Vielleicht zum allerletzten Mal?

Doch dann hören die Tritte gegen die Tür plötzlich auf. Marcel und seine Männer fliehen offenbar aus dem Club. Kurz darauf hält ein Streifenwagen vor dem Haus. Ich weiß nicht, wie sie so schnell gekommen sind. Benommen taumele ich den Polizisten entgegen. Immer noch dieses Pfeifen in den Ohren. Die Beamten sperren den Club mit Flatterband ab, draußen warten schon Reporter, sie fotografieren mich, wie ich zum Rettungswagen gebracht werde.

Die *BILD* schreibt am nächsten Tag: »Scharfe Schüsse im Saunaclub. Auf der Flucht: ein gefürchteter Knochenbrecher«. Die *Hamburger Morgenpost* titelt simpler: »Schießerei im Puff«.

Aber keiner der Journalisten ahnt, was wirklich hinter dem Anschlag auf mein Leben steckt. In dieser Nacht sollte geklärt werden, wer die

Macht im Hamburger Rotlichtmilieu hat. Wer im Millionengeschäft mit den Frauen und ihren Freiern das meiste Geld verdient.

Bisher hatte in Hamburg eine seltsame, aber brutale Allianz das Sagen: Die Hells Angels und die albanische Mafia hatten das Milieu untereinander aufgeteilt.

Dann bin ich, Gianni Sander, gekommen. Weil ich auch mein Stück vom Kuchen wollte. Aber die Hamburger, vor allem wenn sie schwere Maschinen fahren, mögen es nicht, wenn ihnen jemand von außen Konkurrenz macht. Schnell stand ich daher auf der Todesliste der Hells Angels und der Albaner.

Nachdem sie Marcel in meinen Club geschickt hatten, versuchten sie noch drei Mal, mich umzubringen. Immerhin: Das nächste Mal schickten sie wenigstens einen Profi.

Ein Jahr lang tobte der Krieg ums Rotlicht. Denn meine Leute und ich, wir wehrten uns.

Es kam zu Schießereien auf offener Straße, verängstigte Bürger wurden Zeuge, wie sich verfeindete Zuhälter umzubringen versuchten. Die braven Hamburger konnten nicht mehr in den Puff gehen, ohne Angst zu haben, dass in der nächsten Sekunde die Tür aufliegt und ein Rollkommando hereinstürmt. Bald forderten Politiker ein hartes Durchgreifen. Die Polizei richtete die SoKo »Rotlicht« ein.

Und ich war mittendrin.

Mein Name ist Jan Sander. Nachdem ich in einem polnischen Puff namens »Miami« für Ruhe gesorgt hatte, bekam ich im Milieu den Spitznamen »Miami Gianni«.

Ich werde euch in diesem Buch meine Lebensgeschichte erzählen. Ich träume oft von etwas, das ihr wahrscheinlich habt: von einer Familie und einem ruhigen Job, um ihr ein gutes Leben zu ermöglichen.

Ich hatte nie einen ruhigen Job und ich hatte auch nie eine Familie. Weil ich mich für ein anderes Leben entschieden habe, meistens bewusst, aber auch, weil ich manchmal keine andere Möglichkeit hatte.

Ich mag vieles an diesem Leben: Männer, die auf meine Kraft und meinen Einfluss vertrauen. Viel Geld. Partys mit den schönsten Frauen. Auf Koks zu ficken.

Wahrscheinlich seid ihr auch schon Menschen begegnet, die euch nerven. Weil sie euch nicht respektieren, euch vorschreiben wollen, was ihr tun sollt, euch die Freiheit rauben. Das kann euer Boss sein oder ein Neider oder Männer, die an eure Frauen wollen. Vielleicht habt ihr dann schon einmal darüber nachgedacht, euch in aller Konsequenz dagegen aufzulehnen. Aber ihr macht es nicht. Wenn mich einer nicht respektiert hat, habe ich das gemacht, ohne lange zu überlegen. Oder gleich auf den Hurensohn geschossen.

Aber ich weiß auch, wie hoch der Preis für dieses Leben ist. Wie es sich anfühlt, wenn ein Rivale einem eine Klinge in den Kiefer rammt. Wie es ist, sich unter falscher Identität verstecken zu müssen. Und ich weiß, wie man überlebt, wenn Hells Angels und Albaner nach einem suchen.

Ich will euch erklären, warum ich in den Krieg ziehen musste. In einen Krieg, in dem ich viel verloren habe und ein paarmal sogar fast mein Leben. In einen Krieg, der immer noch nicht zu Ende ist.

»TITTY TWISTER«

AUS DER HÖLLE

Beim Frühstück im Internat sitzen wir 25 Jungs an einem Tisch im Speisesaal. Auf dem Tisch stehen kleine Schüsseln mit Nutella, Marmelade, Schokostreuseln. Jeder kann zugreifen, aber das Angebot ist natürlich begrenzt. Wenn 25 Jungs von den Streuseln essen, ist die Schüssel irgendwann leer. Wie bei einem Rudel Hunde frisst der Stärkste zuerst. Und für den 15. in der Hackordnung ist dann eben nichts mehr übrig. Der Barmherzige achtet darauf, dass etwas übrig bleibt. Aber der Egoist schlingt nur noch schneller, weil er nicht will, dass die anderen etwas abbekommen.

Am gierigsten von uns ist Markus. Er ist einer der Stärksten in unserer Gruppe, ein Psychopath, es bereitet ihm die größte Freude, die schwächeren Kinder zu quälen.

Eines Morgens wagt es Paul, ein Junge, der neu in der Gruppe ist, sich an der Schüssel mit den Streuseln zu bedienen. Paul ist klein und schlaksig, ein vorsichtiges und ängstliches Kind. Mit uns anderen hat er noch kaum Kontakt aufgenommen. Zu den Streuseln greift er wohl nur, weil er nichts über unsere Rangordnung weiß. Er hätte sich sonst sicherlich nie getraut, die Stärkeren zu provozieren. Das weiß Markus auch, aber er sieht die Chance gekommen, seine sadistische Neigung mal wieder an einem Schwächeren auszuleben.

Für alle hörbar sagt er zu Paul: »Wenn das Essen vorbei ist, werde ich dich schlachten.«

Die Erzieherin, die uns beaufsichtigt, interessiert sich nicht weiter dafür. Sie will das wohl einfach nicht hören. Wegucken ist schließlich bequemer, als sich einzumischen. Paul rührt nichts mehr vom Essen an. Er sitzt nur zitternd auf seinem Stuhl. Als alle fertig gegessen haben, müssen die Erzieherinnen ihn mehrfach ermahnen, vom Tisch aufzustehen und zu uns anderen zu gehen.

Es gelingt Paul den ganzen Tag, Markus aus dem Weg zu gehen. Aber am Abend, als wir auf unsere Zimmer müssen, nimmt sich Markus Paul dann vor. Er jagt den panischen Jungen quer über den Gang, treibt ihn in sein Zimmer. Da verprügelt er das wehrlose Kind. Als eine Erzieherin Pauls Schreie hörte, geht sie dazwischen.

»Was ist los?«, fragt sie.

Markus schaut sie wütend an, denn er ist enttäuscht, dass sein Gewaltexzess früher vorbei ist als gedacht. Dann sagt er: »Er hat mich beklaut. Er hat meine Sammelbilder genommen.« Die Fußballbilder aus den Hanuta-Packungen sind bei uns Jungs damals ein begehrtes Gut.

»Stimmt das?«, fragt die Erzieherin den verstörten Paul streng.

Der weiß, dass die Erzieherin wenig Interesse daran hat, sich für ihn einzusetzen. Und er kennt nun Markus, der ihn schlimm misshandelt hat, und ahnt, was ihm die nächste Zeit blühen wird, wenn er die Wahrheit sagt. Also gibt er sich einen Ruck und antwortet: »Ja, das stimmt.«

»Gib sie ihm zurück«, fordert die Erzieherin ihn auf und geht aus dem Zimmer. Uns andere Jungs, die auf dem Gang stehen, um das Spektakel mitzuerleben, schickt sie in die Betten. Damit ist die Sache für sie erledigt. Markus raunt Paul zu: »Wenn du was sagst, kriegst du es noch mal.«

Ich spüre Hass auf Markus in mir aufsteigen und auf die Erzieher, die ihn nicht stoppen. Mir wird klar, dass ich die Dinge selbst regeln muss, wenn ich für Gerechtigkeit sorgen will. Also beschließe ich, Markus' Aufmerksamkeit auf mich zu lenken. Er soll es auch bei mir versuchen. Und das wird ihm nicht gut bekommen.

Beim nächsten Frühstück setzte ich mich Markus direkt gegenüber. Ich schaue ihm in die Augen, damit er das, was nun kommt, als Kriegserklärung versteht. Dann greife ich zu den Streuseln. Ich sehe, dass Markus das Blut vor Wut in den Kopf steigt. Doch er traut sich noch nichts zu sagen.

Später, beim Zähneputzen, stellt er sich im Waschraum an das Waschbecken neben mich. Er tritt gegen mein Bein. Einmal, zweimal, dreimal …

Dann packe ich seinen Hinterkopf, greife in seine Haare, schlage ihn mit dem Gesicht auf den gusseisernen Wasserhahn. Das geht so schnell, dass Markus sich nicht abstützen kann. Ungebremst knallt er gegen das Eisen. Er bleibt mit der Wange am Wasserhahn hängen, seine halbe Backe wird aufgerissen. Sein Blut spritzt über das weiße Waschbecken.

Markus kommt ins Krankenhaus, seine Wange muss genäht werden. Als er zurückkommt, ist er verändert. Zwar ist er weit davon entfernt, ein guter Mensch zu sein, der mit den Schwächeren teilt. Aber er ist vorsichtiger geworden. Er weiß, dass es auch für ihn Grenzen gibt.

Wie er sich im Waschraum verletzt hat, sagt er niemandem. Ich werde also nie von den Erziehern bestraft. Wenn du dich für eine gerechte Sache einsetzt, kommst du eben meistens damit durch.

Ich wurde in einem Boot auf dem Mittelmeer gezeugt. Mein Vater schmuggelte mit mehreren Segelbooten Zigaretten, Waffen, Kokain, Menschen – eigentlich alles, was Geld brachte. Als meine Mutter von Bord und zurück nach Deutschland ging, war mein Vater kurz darauf mehrere Wochen nicht erreichbar. Die spanischen Behörden hatten ihn aufgegriffen und in den Knast gesteckt, es gab wohl einigen Klärungsbedarf. Meine Mutter musste also warten, bis er sich freigekauft hatte. Erst dann konnte sie ihm die frohe Botschaft übermitteln, dass ich unterwegs war. Mein Vater nahm das zum Anlass, ihr einen Heiratsantrag zu machen.

Die beiden hatten sich im Zug aus der Schweiz nach Düsseldorf kennengelernt. Meine Mutter war in St. Gallen im Internat und auf dem Weg zu ihren Eltern, was mein Vater in Deutschland wollte, weiß ich nicht.

Mein Vater ist ein syrischer Christ. Seine Familie hatte über Jahrhunderte gelernt, sich als christliche Minderheit im arabischen Raum zu behaupten. Da war es überlebenswichtig, sich Wege am Rand der Legalität zu suchen. Klug, aufrecht, aber manchmal eben auch illegal. Wenn meine Vorfahren sich schon den Glaubensgesetzen der Herrscher nicht unterwarfen, warum dann deren weltliche Gesetze befolgen?

Die Dinge manchmal nicht ganz nach dem Wortlaut des Gesetzes zu regeln, habe ich wohl eher von der Familie meines Vaters. Meine Mutter stammte aus einer Architektenfamilie, ihr Vater hatte einige bedeutende Bauten hochgezogen und bekam in den 70er-Jahren das Bundesverdienstkreuz verliehen. Sie war behütet aufgewachsen, ein ordentliches Mädchen. Aber die ordentlichen Mädchen verlieben sich nun mal gern in die wilden Jungs.

Allerdings hielt meine Mutter den Lebensstil meines Vaters nicht lange aus. Während sie allein mit dem Baby in einer Dreizimmerwohnung saß, fuhr mein Vater in der Welt herum, um seine Geschäfte zu regeln. Als ich drei Jahre alt war, ließ sie sich scheiden. Mein Kontakt zum Vater beschränkte sich in der Folge darauf, hier und da gemeinsam am Wochenende zu McDonald's zu gehen oder in den Zoo. Er sagte mir einmal, dass er auch nicht genau wisse, warum die Ehe gescheitert sei. Als Kind hört man so etwas gerne.

Vielleicht wäre meine Kindheit trotzdem ganz okay gewesen, hätten es nicht Freunde meiner Mutter so übermäßig gut mit uns gemeint. Die konnten die arme, alleinerziehende Mutter in ihrem Freundeskreis einfach nicht ertragen. Da musste doch ein Mann ins Haus. Und irgendeinem fiel dann mein späterer Stiefvater ein, wahrscheinlich kannten sie sich aus dem Rotary-Club oder vom Golf. Seine Frau war an Krebs gestorben, er war Witwer mit zwei Kindern und als Direktor einer Bergbau-Schachtanlage äußerst wohlhabend.

Fix wurden die beiden verkuppelt. Der reiche Witwer und die junge Alleinerziehende aus gutem Haus. Es passte so gut. Aber für mich hat da das Drama angefangen.

Die beiden heirateten und mein Stiefvater kaufte uns einen alten Bauernhof an der niederländischen Grenze. Er steckte viel Geld in die Renovierung, schließlich musste ja alles standesgemäß aussehen. Von außen betrachtet war dann auch alles super. Breite Einfahrt mit hellen Kieseln, dicke Autos in der Garage, jedes Kind hatte sein eigenes Zimmer. Materiell fehlte es an gar nichts. Nur was im Haus passierte, das passte nicht zur Fassade, und meine Eltern haben auch alles dafür getan, damit das niemand mitbekam.

Wir hatten Pferde, Ponys, sogar Hühner und Enten. Weil meine Mutter meinem Stiefvater gesagt hatte, dass das ihr Traum wäre: mit einer großen Familie und Tieren zusammenzuleben. Ganz häuslich.

Was natürlich Quatsch war. Meine Mutter langweilte sich sehr schnell als Hausfrau. Also fuhr sie mit dem Porsche, den ihr mein Stiefvater gekauft hatte, durch die Stadt und machte die Männer verrückt. Sie war jung, hatte braune Haare, blaue Augen und tolle Kurven. Sie hatte also ausreichend Auswahl für ihre zahlreichen Affären. Nur ein paar Abenteuer, von denen ich weiß, weil ich sie mitgekriegt habe: der Klavierspieler vom 50. Geburtstag meines Stiefvaters. Der Chauffeur. Der Kellner des Lieblingsrestaurants meines Stiefvaters in dem Ort in Spanien, in dem wir öfters Urlaub machten.

Außer an der Rumvögelei hatte meine Mutter eine perfide Freude daran, einen Keil zwischen mich und meinen Stiefvater zu treiben. »Er hasst dich, weißt du?«, sagte sie gerne zu mir. »Er ist so eifersüchtig.«

Da war, das weiß ich heute, nichts dran. Denn meinem Stiefvater war ich herzlich egal. Wir Kinder bekamen sowieso nicht viel von ihm mit. Wenn er abends heimkam, setzte er sich vor den Videotext und schaute sich Aktienkurse an. Dabei machte er eine Flasche Wein auf und war dann schnell nicht mehr ansprechbar. Aber ich glaubte meiner Mutter natürlich, welches Kind glaubt seiner Mutter nicht? In all den Jahren in dem Haus hatte ich stets das Gefühl, dass mein Stiefvater mich misstrauisch beäugte.

Für meine Mutter hatte meine Unsicherheit natürlich einige Vorteile. Ich musste mich komplett auf sie ausrichten, sie war meine einzige Verbündete. Ich dachte damals, dass nur sie es verhinderte, dass mein Stiefvater mich aus dem Haus warf oder Schlimmeres mit mir machte. So konnte mich meine Mutter zum Mitwisser für alle ihre kleinen Spielchen machen. Ich erinnere mich daran, wie sie einmal 10 000 Mark aus dem Tresor meines Stiefvaters nahm. Sie brauchte das Geld für eine ihrer Affären – ein Mann, der Probleme wegen Drogengeschichten hatte. Mich stellte sie dann gegenüber meinem Stiefvater als Dieb dar, der das Geld genommen hatte. Weil ich mir davon angeblich ein Motorrad kaufen wollte.

Heute weiß ich, dass sie krank ist. Sie verfiel wochenlang in Depressionen. Dann drehte sie wieder auf und es gab nur noch Männer und Sex. So versuchte sie, ihrer Ehe zu entfliehen, aber ohne tatsächlich von meinem Stiefvater loszukommen. Meine Mutter ist eine Wassermann-Frau, und Frauen mit diesem Sternzeichen sind immer schwierig, ich habe viele als Fremdgängerinnen kennengelernt, die aber nicht die Kraft hatten, sich wirklich von ihren Männern zu trennen.

Meine Stiefgeschwister ließen mich immer spüren, dass sie sich für etwas Besseres hielten. Mein Stiefbruder sagte einmal: »Ich werde später Banker, du Müllmann.« Ist allerdings nichts daraus geworden. Soweit ich weiß, studiert mein Stiefbruder heute noch, finanziert von meinem Stiefvater.

Meine Stiefschwester machte auf hochwohlgeboren, war aber eigentlich eine Oberhure. Wir fuhren jedes Jahr in den Urlaub nach Spanien und sie machte dort mit jedem rum, der auch nur ein bisschen nach Sunnyboy oder Surfer aussah. Wenn ich das mitbekam, und das ließ sich kaum vermeiden, so oft, wie sie mit einem Typen in der Strandumkleide verschwand, wisperte sie mir zu: »Sag Papa nichts davon.«

Ihre Angst war nachvollziehbar. Denn mein Stiefvater erzog uns mit strenger Hand. Er prügelte mit dem Gürtel oder dem Rohrstock auf uns ein. Mein Stiefbruder war zu früh auf die Welt gekommen und eines seiner Beine war kürzer als das andere. Doch meine Eltern ließen ihn, wenn sie ihn bestrafen wollten, stundenlang in der Ecke stehen, auch wenn sein kaputtes Bein innerhalb kürzester Zeit furchtbar schmerzte.

Meine Mutter erzog mit Demütigungen. Mein Stiefbruder machte beispielsweise lange Zeit in die Hose. Sie hingen die schmutzigen Unterhosen über sein Bett, damit jeder sehen konnte, was für ein Schwein er war.

Als kleines Kind musste ich zum Psychologen, weil ich mich unter dem Tisch versteckte und gar nicht mehr herauswollte. Aber was hätte ich dem Psychologen erzählen sollen? Von meiner psychopathischen Mutter, meinem brutalen Stiefvater?

Außerdem: Mein Verhalten war in Anbetracht des ganzen Wahnsinns bei uns zu Hause völlig logisch und normal. Ich versteckte mich, weil ich einfach meine Ruhe haben wollte.

Ich sollte dann statt auf eine normale weiterführende Schule auf ein Internat gehen. Ein katholisches Jungeninternat. Das gehörte zum guten Ton in den besseren Familien, bei meinen Stiefgeschwistern hatte es mein Stiefvater auch so gemacht. Für meine Mutter hatte das den angenehmen Nebeneffekt, dass sie sich mit meinem Stiefvater in der Weltgeschichte herumtreiben konnte und sich nicht mehr um mich kümmern musste.

Die Priester verfolgten ein jahrhundertealtes pädagogisches Konzept: den Willen der Kinder brechen. Ich fand mich also in ähnlichen Zuständen wie zu Hause wieder. Nur dass ich jetzt die Schuluniform – blaues Hemd, dunkle Strickjacke und Krawatte – tragen musste. Die Erzieherinnen schlugen uns. Ich erinnere mich noch genau an das Gefühl, wenn sie mir mit der Faust eine Kopfnuss gaben. Sie trugen Ringe, die sich in die Kopfhaut bohrten.

In einem Schlafsaal waren zehn Kinder untergebracht. Um 7 Uhr mussten wir aufstehen, 7.15 Uhr waschen, 7.30 Uhr Frühstück. Dann Schulunterricht, Gebete, alles straff organisiert.

Die älteren Jugendlichen hatten ihren Spaß daran, uns jüngere zu drangsalieren. Ich erinnere mich an Tim, ein fettes, blondes, 14-jähriges Schwein, der die neun- bis zehnjährigen Jungs zwang, mit ihm Strip-Poker zu spielen und sein erigiertes Glied anzufassen.

Während der Zeit im Internat habe ich zwei grundlegende Erfahrungen gemacht. Erstens habe ich eine strenge Erziehung genossen, der ich Disziplin und gute Manieren verdanke. Und zweitens lernte ich das Gefühl kennen, keine Freiheit zu haben. Nur ein paar Mal in meinem Leben war ich wieder so unfrei wie zu dieser Zeit: die Male, die ich in Untersuchungshaft saß.

Das beherrschende Gefühl meiner Jugend war daher auch der Wunsch, frei zu sein. Nicht mehr Opfer der Spielchen meiner Mutter, der Brutalität meines Stiefvaters, der Überheblichkeit meiner Geschwister, der Erniedrigung durch andere Menschen ausgeliefert zu sein.

Ich begann mit Bodybuilding und Kampfsport. An den Wochenenden und in den Freistunden verschwand ich in ein heruntergekommenes Fitnessstudio in einem Hinterhof, in das fast nur Männer aus dem Milieu gingen. Dort trainierte ich wie ein Besessener. Bei meinen Eltern stieß das natürlich auf wenig Gegenliebe. Tennis, Golf – das waren Sportarten, über die sich reden ließ. Aber Bodybuilding war immer etwas für Asoziale.

Doch als ich 17 Jahre alt war, konnte ich 113 Kilogramm Muskeln aufweisen. Und plötzlich hatten alle Respekt vor mir.

Ich habe euch nicht von meiner Kindheit und Jugend erzählt, weil ich damit irgendetwas rechtfertigen möchte. So schwach bin ich nicht. Ich habe meine Entscheidungen getroffen, weil ich sie für richtig halte. Mir hat kein Anwalt gesagt: »Erzähl mal von deiner schweren Jugend, dann gibt es mildernde Umstände.«

Ich hatte immer genug zu essen. Punkt. Was kann man mehr verlangen? Wenn alle Scheidungskinder Zuhälter würden, dann müssten sich drei Zuhälter eine Nutte teilen. Wenn sich alle Männer, deren Mutter überfordert war, Waffen besorgen würden, hätten wir in Deutschland Verhältnisse wie in amerikanischen Gettos. Und wenn alle Kinder aus dem Internat ins Rockermilieu gehen würden, gäbe es sicher ein paar Motorradclubs mehr.

Die Entscheidung, wie ich meinen Weg gegangen bin, habe ich selbst getroffen.

Hätte ich mich im Internat untergeordnet, hätte ich sicher eine passable Ausbildung erhalten und würde heute in einem bürgerlichen Job mit Weihnachtsgeld und Bonuszahlungen arbeiten. Das Internat war Dreck, aber die Jungs, die sich in die dreckigen Strukturen einfinden konnten, haben mittlerweile durchaus ehrenhafte Berufe.

Wer sich für Psychologie interessiert, kann ja mal analysieren, ob mein Verhältnis zu meiner Mutter mein Frauenbild für immer geprägt hat. Ob, wer Gewalt erlebt hat, später auch Gewalt nutzt, um seine Interessen durchzusetzen.

Ich interessiere mich nicht für Psychologie. Ich sage: Ein Mann muss zu seinen Entscheidungen stehen. Einige haben sich im Nachhinein als Fehler herausgestellt. Die meisten waren aber genau so richtig und nötig.

Ich hatte nur ein Ziel: raus aus dem Internat. Also brach ich nach dem Realschulabschluss die Schule ab. Eigentlich hätte ich das Abitur machen sollen. Meine Berufswünsche waren damals: Architekt oder Tierarzt. Beides sind Berufe, für die man eine lange unbezahlte Ausbildung machen muss. Also wäre ich noch über Jahre auf meine Mutter und meinen Stiefvater angewiesen gewesen. Daher nahm ich eine Lehre als Kfz-Mechaniker in Angriff. Mein Ziel war, irgendwann Motorrad-Schrauber zu werden. Ich hatte Bock auf Harleys. Ich hatte aber nie Lust auf das Rockertum, also alten Frauen die Handtasche zu klauen und drei Wochen in derselben Lederhose besoffen auf der Wiese herumzuliegen. Doch ein Bad Boy wollte ich immer sein, gegen den Strom schwimmen, sich von niemandem etwas sagen lassen, Lebensmotto: »Fuck you!«

Zu Hause war ich nicht mehr erwünscht, seit ich aus dem Internat raus war. Das war mir aber auch recht so. In den letzten Jahren hatte ich, wenn ich an den Wochenenden heimgedurft hatte, sowieso immer das Gefühl gehabt, schreiend weglaufen zu müssen.

Meine Mutter hatte mittlerweile eine Wohnung in Duisburg, die mein Stiefvater ihr vor einigen Jahren gekauft hatte. Damals waren sie kurz vor der Trennung gestanden und sie hatte gemeint, dass sie einen Platz für sich allein bräuchte, wenn sie die Ehe retten wollten. Wenig später rauften sich mein Stiefvater und meine Mutter wieder zusammen, die Immobilie stand also leer. In diese Wohnung zog ich nun ein. Natürlich musste ich Miete zahlen, 400 Mark pro Monat. Aber ich war von zu Hause weg. Bloß musste ich nun regelmäßig an Geld kommen. Denn das Geld, das ich bei meiner Ausbildung als Kfz-Mechaniker verdiente, reichte dafür nicht aus.

Aus dem Studio, in dem ich trainierte, kannte ich ein paar Jungs, die als Türsteher arbeiteten. Sie prognostizierten mir eine große Zukunft in ihrer Branche, denn ich sah gut aus, hatte genug Muskeln und durch mein Elternhaus ein gutes Benehmen. Es gab nur ein Problem: Ich war damals 17 Jahre alt, minderjährig, und kein Club würde mich anstellen. Aber ich konnte kein Jahr warten, um Geld zu verdienen. Also fälschte ich zum ersten Mal meine Papiere. Ich ging in einen

Copyshop im Univiertel von Duisburg und investierte insgesamt 50 Pfennig in meinen ersten, zugegebenermaßen schludrig gefälschten Personalausweis. Zunächst machte ich zwei Kopien von meinem echten Perso. Dann holte ich mir von dem Typen, der die Kopien der Studenten durchzählte, Schere und Kleber. Ich schnitt eine Drei aus meiner Personalausweisnummer auf der einen Kopie heraus, klebte sie auf der anderen Kopie über die letzte Ziffer meines Geburtsjahres. Statt 1977 stand da jetzt 1973. Das Ergebnis jagte ich noch einmal durch den Kopierer. So hatte ich, zumindest auf der Kopie, vier Jahre gewonnen.

Einer meiner Freunde aus dem Fitnessstudio empfahl mich den entsprechenden Leuten. Ich sollte zunächst in einem kleinen Club in Duisburg anfangen. Also ging ich an einem frühen Freitagabend dorthin, um mich vorzustellen. Die Disco hatte eben erst geöffnet, noch waren kaum Gäste da. An der Garderobe gaben gerade drei Mädels ihre Jacken ab. Sie waren wohl noch nicht volljährig und mussten die Disco vor Mitternacht verlassen – also fingen sie früher mit dem Feiern an. Sie trugen enge, bauchfreie Tops, damit man ihre Nabelpiercings sehen konnte. Alle drei hatten etwas zu viel, zu bunte Schminke aufgelegt, wie das Mädchen eben machen, wenn sie noch keine Erfahrung damit haben. Als ich an ihnen vorbeiging – das Büro des Geschäftsführers befand sich hinter der Garderobe –, zwinkerte ich der Größten von ihnen zu. Die drei kicherten. Der Job würde mir sicher Spaß machen …

Das Büro war ein kleiner Raum, spärlich ausgestattet mit einem Schreibtisch, einer speckigen Ledercouch und alten Werbeplakaten an der Wand – »Partynacht der 80er«, »Schlagerparty«, »Studentenparty«. Es roch nach kaltem Rauch und warmem Schweiß, denn der Chef war so fett, dass er sogar nur von seinem Hinter-dem-Schreibtisch-Sitzen heftig schwitzte. Sein kariertes Hemd klebte an seinem Körper. Die Qualle musterte mich.

Ich schob ihm die Personalausweiskopie über den Schreibtisch. »Ich verliere meinen Perso immer. Deswegen trage ich nur eine Kopie mit mir herum. Sie können sie behalten, dann haben Sie gleich eine bei den Akten.«

Jeder Betrüger weiß: Hauptsache, die Geschichte wird mit Überzeugung vorgetragen. Dann stören auch logische Fehler nicht.

Der Dicke schnaufte, es war ihm aber letztlich egal. Er hatte sowieso vor, mich schwarz zu beschäftigen. Die Türsteher, die damals in Duisburg bei der Steuer angemeldet waren, konnte man an einer Hand abzählen. Am nächsten Wochenende sollte ich anfangen. Ich verdiente 25 Mark die Stunde. Wenn ich drei Tage durcharbeitete, hatte ich 500 Mark. Damit konnte ich mein erstes bisschen Freiheit finanzieren. Aber ein bisschen Freiheit reichte mir nicht.

KILOWEISE SPEED

»Fahndungsrekorde der Polizei lassen auf eine Ecstasy-Schwemme schließen. 1994 stellten Fahnder 239 051 Tabletten sicher, 1995 waren es schon 380 858. Die Tendenz ist steigend. (…) Der Stoff kommt fast ausschließlich aus den Niederlanden. Das Land spiele für die Produktion von Ecstasy und Amphetaminen eine ähnliche Rolle wie Kolumbien für Kokain und Thailand für Heroin, bekannte ein Rauschgiftspezialist des Zentralen Kriminalamts (CRI).«

Focus, 10.6.1996, »Ecstasy«

Mehmet ist im Heim aufgewachsen, ein Türke ohne Familie. Er geht auf die 30 zu und hat bisher nichts auf die Reihe gebracht. Mehmet ist schmächtig, immer etwas nervös und die paar Frontzähne, die er noch hat, sind braun. Er jobbt in einer Autowaschanlage zwischen Duisburg und Oberhausen. Sein Geld investiert er zu gleichen Teilen in Pillen, um drauf zu kommen, in Gras, um wieder runterzukommen, und in seinen Golf GTI.

Ich unterhalte mich mit Mehmet vor dem »Orbit«, einem Techno-Club in Duisburg, bei dem ich seit ein paar Monaten als Türsteher arbeite. Damals, Ende der 90er-Jahre, gab es in jeder Stadt im Ruhrgebiet mindestens einen angesagten Techno-Club.

Mehmet gehört nicht zu uns Türstehern, er hat nicht die Statur dafür, aber er gesellt sich fast jedes Wochenende zu uns. Es ist wohl wichtig für ihn, mit den Türstehern gesehen zu werden. So kann man ihn von Weitem betrachtet für einen Freund von uns halten. Wahrscheinlich überlegt es sich sein Dealer so zweimal, ob er ihn bescheißen soll.

Meinen Kollegen geht Mehmet mit seinem Rumgestehe und den Versuchen, uns in Gespräche über Autotuning und seinen GTI zu verwickeln, auf die Nerven. Ich aber mag ihn. Ich kann selten begründen, warum ich jemanden mag. Vielleicht sind es die Parallelen in unserer Biografie. Ich habe mich von meiner Familie losgesagt. Er hat nie eine gehabt.

»Gianni, mein Leben ist Müll«, sagt Mehmet plötzlich.

»Was meinst du?«, antworte ich. Gerade haben wir noch über Autos geredet.

»Weißt du, was ich in der Waschanlage verdiene? Ich könnte mir nicht mal den Eintritt für den Club leisten.«

Aus der Tür quäkt gerade die Musik von Masterboy.

»Willst du da rein? Ich lass dich durch, kein Problem.«

»Quatsch.«

Peinliches Schweigen, dann schlage ich vor: »Such dir halt 'nen neuen Job.«

»Ist als Kanake nicht so leicht.«

Ich schaue betreten vor mich hin.

»Ich hab keinen Schulabschluss, kein Geld, keine Freunde. Mich respektiert keiner. Nee, echt, ich kann mir doch die Kugel geben. Würde niemandem auffallen.«

»Du übertreibst«, lüge ich, aber ich weiß, dass die Einschätzung seines Lebens ziemlich zutreffend ist. Er hat in seiner Aufzählung eigentlich nur seine schadhaften Zähne vergessen. Doch ich halte seine Ausführungen nur für das melancholische Gerede, in das jeder Kiffer hier und da verfällt.

Er fixiert mich und sagt dann: »Ich muss Geld auftreiben. Anja ist schwanger.«

Da verstehe ich, dass es ihm ernst ist.

Anja ist das Einzige, weswegen Mehmet für die meisten Jungs überhaupt erwähnenswert ist. Jeder kennt Anja, denn sie ist mit den meisten bereits im Bett gewesen, zumindest mit fast jedem Typen in Duisburg-Bruckhausen. Bis sie dann bei Mehmet hängen geblieben ist, warum, kann sich keiner so recht erklären.

Er, der Mann ohne Familie, sieht plötzlich die Chance, sich etwas aufzubauen. Mit Anja, einer Frau, die schon rein optisch ein paar Nummern zu groß für ihn ist. Bloß braucht er jetzt dringend Kohle, um seinem Kind etwas bieten zu können, und auch, um seine Frau zu halten, sie wäre sonst schnell wieder weg.

Ich weiß bis heute nicht, warum er das ausgerechnet mir erzählte. Vielleicht ahnt er, dass ich so jemanden wie ihn als Partner brauche. Denn auch ich will mehr Geld machen und ich weiß, dass die beste Möglichkeit dafür der Drogenhandel ist. Nur brauche ich da einen Grund. Kohle allein genügt mir nicht. Mit Drogen zu dealen, nur um mich zu bereichern, hätte ich irgendwie unmoralisch gefunden. Um das zu erklären, muss ich ein bisschen ausholen: Ich war nie ein guter Zuhälter. Wenn ich Mädels hatte, die anschaffen gingen, regelte ich natürlich alles für sie. Ich kümmerte mich darum, dass sie in einem guten Club unterkamen. Wenn es Ärger gab, räumte ich den aus dem Weg. Aber ich sagte nie: »Schatz, bitte geh für mich auf den Strich.« Schon gar nicht: »Du musst für mich auf den Strich gehen.«

Und das macht mich zu einem schlechten Zuhälter. Denn die meisten Frauen können damit nicht umgehen. Ich habe lange gebraucht, um zu kapieren, dass Huren den Job für ihren Mann machen wollen. Weil sie die Rechtfertigung brauchen, den Job aus Liebe zu ihrem Zuhälter zu machen. Frauen bekommen nun mal ihr ganzes Leben gesagt, dass sie ihre Beine möglichst zusammenhalten sollen, weil sie sonst Schlampen sind.

Und dann sagt so einer wie ich zu ihnen: »Du fickst rum, weil du geil auf das Geld bist. Oder weil's dir Spaß macht. Aber du fickst für dich, nicht für mich.« Dann fühlen sie sich bei mir wie eine Schlampe.

Ähnlich ist es bei mir. Ich steige in den Drogenhandel ein, weil mir die Not, die ich in Mehmets Augen sehe, die Rechtfertigung dafür gibt. Ich deale nicht, weil ich scharf auf die Kohle bin – sondern um Mehmet zu helfen. Ich fühle mich in dieser Nacht wie ein Samariter, als ich sage: »Mehmet, wir machen was mit Drogen. Sag mir, wie viel du verkaufen kannst. Ich besorg es. Wir machen dann fifty-fifty.«

Wenige Monate später versorgen wir von Münster bis Heilbronn fast jeden Dealer mit Speed.

Die 90er-Jahre sind die Zeit von Speed und Ecstasy. Die Techno-Szene konsumiert am liebsten diese synthetischen Drogen auf Amphetamin-Basis. Speed wird wie Koks durch die Nase gezogen, Ecstasy als kleine, bunte Pillen geschluckt. Speed kickt schneller als Ecstasy, da es direkt durch die Nasenschleimhäute aufgenommen wird. Die Leber wird also als Filter ausgeschaltet. Schon nach 30 Sekunden merkst du, wie dich der Stoff verändert. Du wirst hibbelig, du fühlst dich, als wärst du mit 200 Sachen auf der Autobahn unterwegs. Ein Geschwindigkeitsrausch, ohne dass du hinterm Steuer sitzt. Du bist euphorisch, kannst die Nacht durchtanzen oder durchvögeln.

Ecstasy wirkt langsamer. Die Euphorie fängt erst eine Stunde nach dem Konsum ganz leicht an. Du nimmst dein Umfeld intensiver wahr, fühlst dich mit allen Menschen emotional verbunden, hast das Gefühl, wahnsinnig tiefe Gespräche zu führen. Die beiden Drogen eint, dass du die Nacht gut durchfeiern kannst.

Auf das Zwischenmenschliche haben die Drogen übrigens recht unterschiedliche Wirkung. Ecstasy: Liebe und Offenheit. Speed: ungezügelter Sexualtrieb. Die Techno-Szene der 90er-Jahre kann man ruhig als ein interessantes Experiment verstehen: Was passiert, wenn man triebgesteuerte Menschen mit emotional wahnsinnig offenen Menschen, die die ganze Welt umarmen wollen, in einen Raum einsperrt? Und dann die Musik aufdreht.

Amphetamine sind seit Beginn des Jahrhunderts als Droge gebräuchlich. Schon im Zweiten Weltkrieg wurden sie von Nazis und Amerikanern an die Soldaten abgegeben, um die Kämpfer wach zu halten. Aber den Durchbruch auf dem Massenmarkt schaffen sie erst durch Techno.

Die Drogenhändler können der Szene dankbar sein, dass sie den künstlichen Suchtstoffen den Vorzug vor den klassischen Drogen gibt. Denn der Amphetaminhandel ist im Gegensatz zu dem mit den natürlichen Suchtsubstanzen eine sichere Sache. Alle auf Kokain basierenden Drogen haben den Nachteil, dass das Geschäft auf Rohstoffen aus dem Ausland basiert. Wenn die Ernte in Kolumbien schlecht ausfällt, die amerikanischen Drogenfahnder mal wieder besonders aktiv sind oder sich die Kartelle drüben in Südamerika in die Haare kriegen, dann kommt in den Häfen von Europa einfach weniger und teurer Stoff an. Da der Preis für die Endkunden aber nicht beliebig hoch ausfallen kann, geht das zulasten der Margen der Zwischenhändler und Dealer.

Ähnlich ist die Lage bei Heroin. Da gibt es zwar einen besonders treuen Kundenstamm, der, um genug Kohle für seinen Schuss zusammenzubekommen, nicht nur sprichwörtlich über Leichen geht. Aber wenn der Opiumbauer in den politisch instabilen Produktionsländern keine reiche Ernte einfährt, gerät das ganze fragile Handelssystem in Schieflage. Wer vor den 90ern sein Geld mit Drogen verdiente, hatte außer der örtlichen Polizei vor allem Ärger in den Produktionsländern zu fürchten.

Und dann wollten plötzlich alle Amphetamine. Auf Ibiza, Ende der 80er-Jahre als »Ecstasy-Insel« bekannt, ging es los, dann kamen die Clubs in England und mit dem Siegeszug des Techno war in ganz Europa der Markt bereit.

Die Drogenhändler erkannten schnell, wie vorteilhaft diese Drogen sind, und sorgten für besonders billigen Stoff. Endlich war man von den Banden im Ausland unabhängig. Das machte den Speed- und Ecstasyhandel zu einem bombensicheren Geschäft.

Die Investition, um ein einfaches Drogenlabor aufzumachen, beträgt etwa 10 000 Mark. Dafür kauft sich der Produzent ein paar Druckkessel, und schon kann es losgehen. Ideale Standorte sind auf dem Land, in alten Ställen und Scheunen, denn die Produktion der Drogen stinkt, nach Anis und Ammoniak. Die Drogenküchen in den Wohngebieten wurden deswegen meist recht schnell von der Polizei geschlossen – weil sich Anwohner beschwert hatten.

Ganz ungefährlich ist die Arbeit an Ecstasy jedoch nicht, giftige Dämpfe entstehen, und wer nicht aufpasst, kann auch mittelgroße Explosionen verursachen. Außerdem fallen relativ viele chemische Abfälle an, die unauffällig entsorgt werden müssen. Auch das klappt auf dem Land immer besonders gut, da man die Kanister einfach im Wald abstellen kann.

Die Grundstoffe, aus denen die Drogen gewonnen werden, sind bis 1995 in den Niederlanden völlig problemlos einzukaufen gewesen. Danach wurden die Chemikalien, wohl durch Druck aus dem Ausland, wo aufgefallen ist, dass mehr als 90 Prozent der Ecstasy-Pillen aus den Niederlanden kommen, strenger überwacht. Da sie aber zur Produktion aller möglicher Arzneimittel nötig sind, können sie weiterhin ohne viel Aufwand importiert werden.

Eine Ecstasy-Pille kostet damals weniger als 20 Pfennig in der Herstellung. In den Diskotheken werden sie dann für 20 Mark verkauft.

Von der hochprofitablen Industrie, die da in den Niederlanden entstanden ist, bekomme ich als Türsteher in den Techno-Clubs nur die Endprodukte mit. Fast jeder in den Clubs konsumiert Ecstasy oder Speed. Ähnlich wie die Drogenfahnder erkennen wir Türsteher recht schnell, wer Pillen mit hereinbringt. Es ist nicht etwa so, dass wir die illegalen Substanzen im Club verhindern wollen. Das wäre auch für den Chef des Clubs völlig kontraproduktiv. Denn eine lange, ausgelassene Techno-Party ist ohne Amphetamine nur schwer vorstellbar. Würde der Club ernsthaft verlangen, dass alle clean feiern sollen – die Leute würden einfach woanders feiern.

Wichtig ist nur: Die Drogen sollen gefälligst im Club gekauft werden und nicht bei irgendeinem Dealer auf der Straße. Du darfst schließlich ja auch nicht deine eigenen Getränke in die Disco mitbringen.

Uns Türstehern ist erst einmal jeder recht, der versucht, seine eigenen Drogen mitzubringen. Was wir bei den Gästen finden, beschlagnahmen wir. Das ist so etwas wie unser Trinkgeld. Einen Teil konsumieren wir selbst, der Rest wird im Club verkauft, über den DJ oder einen vertrauenswürdigen Kellner. Manch einer kauft sich drinnen also die Pillen zurück, die wir ihm am Eingang abgenommen haben.

Da kommen an einem guten Abend schon ein paar Hundert Mark zusammen. Doch das große Geschäft, das ist uns klar, machen andere. Denn mehrmals am Abend kommt der Dealer, der mit unserem Chef eine Abmachung hat. Der wird kurz begrüßt, kann dann unbehelligt in den Club und seiner Arbeit nachgehen. Wir wissen nicht, wie viel der hereinbringt. Wir haben damit nichts zu tun, unsere einzige Aufgabe ist es, bei ihm wegzugucken. Wir können nur ahnen, um wie viel Geld es dabei geht. Mir reicht das aber nicht. Ich will etwas von der großen Kohle abhaben.

Joost ist ein geachteter Geschäftsmann. Er betreibt ein Fitnessstudio in den Niederlanden, knapp hinter Maastricht. Außerdem einen Handel für Fitnessbedarf. Das bedeutet: Anabolika. Ich kenne ihn seit zwei Jahren. Meine Muskelberge verdanke ich neben hartem Training und eisernem Willen auch Joosts Steroiden.

Aber ich weiß, dass Joost auch mit anderen illegalen Substanzen handelt. Da er der einzige Großhändler ist, den ich kenne, wird mein Drogengeschäft, wenn er nicht mitmacht, scheitern, bevor es begonnen hat. Also besuche ich ihn am Wochenende nach dem Gespräch mit Mehmet. Unser Startkapital ist ein kleines Erbe von meinem Großvater. Den größten Teil des Geldes habe ich bereits in einen Audi A8 investiert, einfach weil ich Bock auf ein gutes Auto habe. Im Nachhinein stellt sich das aber als eine gute Investition ins Geschäft heraus: In der Luxuskarre werde ich an der Grenze nicht so schnell kontrolliert, weil ich eher nach Geschäftsreise und nicht nach Drogen aussehe.

Joost lebt in einem hübschen Einfamilienhaus, in dem er auch sein Büro hat. Im gepflegten Garten stehen Klettergerüst und Kinderschaukel. Wir trinken Kaffee in seinem Büro, hinter ihm hängt ein Ölgemälde, ein roter Stier, der auf den Betrachter zurennt.

»Kannst du denn auch noch andere Sachen besorgen?«, frage ich, nachdem wir ein bisschen übers Training geplaudert haben und über Anabolika. Joost zündet sich eine Zigarette an. Ich sehe, wie es in ihm arbeitet.

Ich füge hinzu: »Chemie. Für Deutschland, für Duisburg. Ich habe einige Abnehmer.« Mehmet und ich setzen auf Speed, da wir wissen, dass wir in den Techno-Clubs genug umsetzten können. Kokain wäre für uns im Einkauf zu teuer. Und Kiffer sind uns als Kunden zu anstrengend. Amphetamine erscheinen uns in allen Bereichen am einfachsten: Preis, Schmuggel, Kundschaft.

Joost mustert mich. Er ist 30 Jahre älter als ich. Wahrscheinlich nimmt er mich nicht wirklich für voll. Ich bin ein Typ, dem er hier und da Steroide verkauft und der dann noch ein bisschen in seinem Studio pumpt. Andererseits weiß er auch, dass ich nicht blöd bin.

Am Ende ist dann wohl Sympathie entscheidend. Immerhin komme ich seit zwei Jahren immer mal wieder hierher. Vielleicht ist da auch mein Elternhaus mit verantwortlich, die Manieren, die sie mir eingeprügelt haben, seriös sein, die Rechnungen bezahlen. Ein zuverlässiger Geschäftspartner – das strahle ich aus.

Im Nachhinein gesehen ist das einer dieser Schicksalsmomente, die entscheiden, wie ein Leben verläuft. Hätte Joost mir nicht vertraut, mich hinausgeworfen, dann wäre ich zurück nach Duisburg gefahren. Hätte Joost gesagt, dass aus unserem Geschäft nichts wird, vielleicht wäre ich dann heute immer noch Türsteher. Oder Kfz-Mechaniker.

Aber Joost meint: »Geh doch mal was essen. Und komm in einer Stunde wieder.« Wir geben uns die Hand, ich steige in meinen Audi A8 und fahre ein paar Straßen weiter. Dort gibt es einen China-Imbiss, bei dem ich die Nummer 12 esse, Wan-Tan-Suppe. Exakt 50 Minuten lang, dann fahre ich zurück.

Vor dem Haus von Joost steht jetzt ein dunkler Mercedes. Als ich parke, steigen zwei muskelbepackte Jungs in Anzügen aus, die ich vom Trainieren aus Joosts Studio kenne. Ich sehe, dass einer eine Waffe trägt, eine Pistole. Der andere bringt zwei große verschweißte Tüten mit verschiedenfarbigen Pasten. Speed, noch warm, frisch aus der Küche. Wortlos packen sie die Tüten in meinen Kofferraum.

Joost und seine Jungs, das wird mir da klar, sind keine Pumper, die ihre Gewichte stemmen und über Muschis reden. Das sind große Dealer. Ich ahne, dass die billigen Amphetamine, die sie mir mitgeben, gar nichts für sie sind. Was ich für einen großen Deal halte, ist für die nur ein kleines Geschäft. Später erfahre ich, dass Joost und seine Leute durchaus auch für Kokainhandel im Kilobereich gut sind. Und dass der ganze Fitnessstudio-Anabolika-Quatsch nichts weiter ist als Tarnung, um die richtigen Leute anzuziehen, mit denen sich dann die echten Geschäfte machen lassen.

Joost gibt mir die Droge auf Kommission mit. Ich soll bezahlen, wenn ich sie verkauft habe und mehr brauche.

Gleich hinter der Grenze stehen Polizisten. Damit habe ich schon gerechnet, sie sind da, um die kleinen Kiffer abzufangen. Ich mache mir jedoch keine Sorgen. Stattdessen bremse ich etwas ab, als ich an ihnen vorbeifahre, obwohl der Beamte sowieso keine Anstalten macht, mich herauszuwinken, und nicke dem einen Typen zu, einem jungen Kerl mit unsicherer, leicht gebückter Haltung. Er glotzt nur blöd vor sich hin. Klar, in meiner teuren Karre falle ich aus seinem Raster.

Seine beiden Kollegen machen sich gerade an einem Golf zu schaffen, der auf dem Seitenstreifen parkt. Einer der Polizisten ist auf die Rücksitze gekrochen, sein Hintern ragt aus der offenen Tür, der fettere zieht gerade die Fußmatten vom Beifahrersitz. Die beiden Fahrer, zwei T-Shirt-Typen mit langen Haaren, sehen ziemlich unglücklich aus. Ich grinse breit. Die Polizisten nehmen die beiden völlig auseinander, nur um ein paar Gramm Gras zu finden, das die beiden wahrscheinlich irgendwelchen Kommilitoninnen mitbringen wollen, damit die doch mal die Beine breit machen. Während ich, als ich an der Szene vorbeifahre, im Kofferraum genug Speed habe, um für einige Jahre in den Knast zu wandern.

Am frühen Abend komme ich in Duisburg an. Mehmet greift sofort zum Telefon, um Kunden anrufen.

Auf die Idee mit den Heimkindern ist Mehmet gekommen. Dass er im Jungenheim groß geworden ist, hat ihm einen ordentlichen Knacks mitgegeben. Immer wieder lässt er Heimkinder bei sich pennen, die stiften gegangen sind. Dann sitzt er mit den Piccos zusammen in seiner Wohnung, teilt sein Gras und zockt mit ihnen an der Playstation.

Mehmet ist kein Kinderficker, ich nehme ihm das ehrliche Bedürfnis ab, den Jungs so etwas wie eine Familie zu geben. Und er hat durch sie wohl selbst das Gefühl, eine Familie zu bekommen. Mit der Zeit hat sich Mehmet zu einer Art Geheimtipp unter obdachlosen Jugendlichen entwickelt. »Kommst du in Duisburg am Hauptbahnhof an und brauchst einen Platz zum Pennen, geh zu Mehmet!«

Mehmets Heimkinder werden in der Folge zu unseren Dealern. Das hat einige Vorteile. Erst einmal ist keiner von denen älter als 17 Jahre. Wenn einer erwischt wird, droht daher kein Knast. Und vor allem drohen keine langen Verhöre, kein Anwalt, der einen Deal aushandeln will. Niemand wird Druck auf die Jungs ausüben, damit sie ihre Hintermänner verraten.

Der zweite Vorteil: Die meisten der Jungs kommen aus dem Osten, Zwickau, Gera, so sprechen die auch. Keiner kennt sie. Niemand wird sie abwerben, kein Konkurrent versuchen, mit ihnen ins Gespräch zu kommen, um etwas über ihre Vertriebswege zu erfahren. Die Jungs schicken wir mit Fahrrädern und Bus und Bahn zu den Clubs. Die Türchefs kennen wir, sie bekommen ihren Anteil, und dafür kommen nur unsere Jungs rein.

So kommt eine Disco nach der anderen dazu.

Mehmet wohnt in einem heruntergekommenen Mietshaus mit drei Parteien. Von unserem ersten Drogengewinn kaufen wir es dem Besitzer ab. Nach und nach bauen wir das Haus dann zu einer Art Festung aus. Die Einfahrt in den Hof sichern wir mit einem hohen Eisentor, die Fenster im Erdgeschoss schweißen wir mit Stahlplatten zu. Wir wissen, dass wir noch unter dem Radar fliegen. Aber bald werden die anderen Dealer auf uns aufmerksam werden. Und mit ihnen ihre Chefs. Darauf wollen wir vorbereitet sein.

Im Hof basteln die Jungs an ihren Mopeds und Mehmet schraubt an seinen Autos. Er kann sich jetzt Tuning-Teile von Markenherstellern kaufen, nicht mehr den nachgemachten Billigscheiß. Er kifft weniger, beginnt auch mit Sport und legt an Muskelmasse zu. Er lässt sich sogar seine Zähne richten. Anja bekommt ihr Kind, und ich werde Patenonkel.

BETRIEBSUNFALL

Das »Rotkäppchen« lockt Freier am Rand von Maastricht. Es liegt auf der Tour, über die wir unsere Drogen nach Duisburg schaffen. Wir kennen es, weil gegenüber ein gutes Restaurant liegt, in dem wir gern chinesisch essen gehen. Im »Rotkäppchen« feiern wir dann noch ein bisschen, wenn wir mit den Glückskeksen fertig sind.

Es ist ein Puff ganz nach unserem Geschmack. Klein, plüschig, mit einem Barmann im weißen Hemd mit Fliege und einer Handvoll Frauen, von denen die meisten ihre beste Zeit allerdings bereits hinter sich haben. Sie gleichen das mit Humor, derben Sprüchen und Lebenserfahrung aus. Ins »Rotkäppchen« gehen wir auch nicht zum Vögeln, sondern eher wegen des Ambientes.

Wir geben da einiges an Kohle für Getränke aus. Aber anscheinend haben nicht genug Leute ein Herz für alte Huren. Denn irgendwann fragt mich der Chef, ob ich nicht Teilhaber werden will, da er Geld braucht. Warum nicht? So kann ich ein bisschen von meinem Drogengeld unterbringen. Und vor allem: Mit dem »Rotkäppchen« kaufe ich ein Unternehmen und einen Wohnsitz in den Niederlanden. Und das gibt mir die Möglichkeit, niederländische Nummernschilder zu beantragen. Denn das größte Sicherheitsrisiko in meinem Unternehmen ist der Transport der Drogen aus den Niederlanden über die Grenze nach Duisburg. Die Route ist mittlerweile immer beliebter geworden: In den 90ern ist Duisburg der Hauptumschlagplatz für Drogen. Nicht nur wir mit unseren Pillen operieren von dort aus. Duisburg ist Station für Italiener, Türken, Kurden, Zigeuner, die hier ihr Heroin und Kokain verteilen.

Das Ruhrgebiet ist für Drogenhändler das Paradies. Genug Kundschaft und genug fähige Mitarbeiter, die anpacken können, aber deren Talente auf dem Arbeitsmarkt wegen der hohen Arbeitslosigkeit kaum nachgefragt werden. Ihre Väter haben noch von der Kohle gelebt, die sie aus den Bergwerken nach oben gebracht haben. Und die Söhne importieren eben Koks aus den Niederlanden.

Da aber die Route so beliebt ist, verstärkt die Polizei die Kontrollen und jagt jetzt nicht mehr nur die kleinen Kiffer. Denn es hat sich herumgesprochen, dass sich hier auch größere Fische angeln lassen.

Ich fahre nur noch selten selbst mit Drogen über die Grenze. Dafür habe ich mittlerweile ein kleines Team vertrauenswürdiger Leute. Gute Kuriere zu finden ist nicht einfach. Denn es ist eine Sache, einem Straßendealer ein paar Pillen in die Hand zu drücken. Ein bisschen Schwund ist da immer einkalkuliert, der lässt sich aber jederzeit verschmerzen. Aber es ist etwas ganz anderes, einem Mann die Taschen mit Geld oder Drogen im Wert von Tausenden Mark vollzustopfen und ihn damit über die Grenze zu schicken. Dafür sollte man nur Gangster mit etwas Seriosität anwerben.

Ich statte die Kuriere mit Motorrädern aus. Wenn doch mal jemand in eine Kontrolle gerät, schaltet er einfach zwei Gänge runter und ist weg. Bis auf zwei, drei Verfolgungsjagden über die Landstraßen im flachen Grenzgebiet, die meine Jungs alle für sich entschieden haben, hat es auch noch keine Schwierigkeiten gegeben. Aber ich will das Glück nicht überstrapazieren. Mit den niederländischen Nummernschildern sind wir auf der sicheren Seite. Die Polizisten halten keine Autos aus den Niederlanden an. Niederländer, die nach Deutschland fahren, sind unverdächtig.

Eines Abends sitze ich mit meinen Kurieren im »Rotkäppchen« zusammen. Es ist gerade dunkel geworden und es sind noch keine Gäste da. Die Nutten sitzen gelangweilt an der Bar. Das ist gut für uns, denn so haben wir unsere Ruhe.

Die Mayday, ein großes Techno-Festival in der Westfalenhalle in Dortmund, steht an. 20 000 Techno-Jünger aus ganz Europa werden erwartet. So viele potenzielle Kunden für unsere Pillen stellen unsere Logistik natürlich vor einige Herausforderungen. Wir wissen, dass an den beiden Mayday-Tagen das Amphetamin-Geschäft unseres Lebens winkt, darum brauchen wir neue Quellen, müssen Pillen lagern und benötigen zusätzliche Dealer. Das gilt es zu organisieren.

Das Gelände des »Rotkäppchens« ist mit einem hohen Zaun gesichert. Auf dem Grundstück lassen wir unsere Hunde laufen. Insgesamt haben wir sechs Stück. Ich halte eine Bordeaux-Dogge. Im Rückblick denke ich, dass vielleicht deshalb so wenige Kunden ins »Rotkäppchen« gekommen sind, weil die Freier einfach Schiss vor unserer Hundemeute hatten.

Die Hunde sind auf jeden Fall ein gutes Frühwarnsystem. Plötzlich hören wir draußen aufgeregtes Gebell.

»Geh mal gucken«, sage ich zu einem meiner Kuriere. Er verschwindet kurz, kommt nach ein paar Minuten zurück und zuckt mit den Schultern: »Da war wohl jemand am Zaun.«

Ein paar Stunden später sind wir zum entspannten Teil übergegangen. Wir trinken, plaudern mit den Nutten, die aber schlecht drauf sind, weil mal wieder kaum Kundschaft aufgetaucht ist. Dann hören wir von draußen ein lang gezogenes Jaulen. Wir rennen nach draußen. Unsere Hunde wälzen sich am Boden. Ich laufe zu meiner Dogge. Ihr Bauch ist aufgebläht, sie hat blutigen Schaum vor dem Mund. Zwei Hunde sterben in dieser Nacht, darunter auch meine Dogge. Ihr Todeskampf zieht sich über Stunden hin und sie stirbt dann in meinen Armen.

Irgendjemand hat Fleisch mit Rattengift über den Zaun geworfen. Und ich weiß auch, wer das getan hat.

Ein paar Tage zuvor hatte ich nämlich Ärger mit zwei marokkanischen Brüdern, die einem Partner von mir Drogen abgekauft haben. Besser gesagt: Sie haben ihm die Drogen abgenommen, hatten aber dann doch kein Geld dabei. In den Niederlanden heißt das *rip* – abziehen. Ein Betriebsunfall, so etwas kommt im Drogengeschäft häufiger vor.

Weil aber ein Partner von mir betroffen war, habe ich die Reklamation natürlich persönlich übernommen. Ich habe eine klare Ansage gemacht und Adil, den älteren Bruder, auch ziemlich vermöbelt. Das ging ganz locker, deswegen nahm ich es nicht sonderlich ernst, als Adil Rache schwor. An mich hat er sich jedoch offenbar nicht herangetraut, aber an meinen Hund.

Gut, ich weiß ja, wo ich die beiden finden kann. Ich erwische den jüngeren in einer Seitenstraße von Maastricht und prügele sofort auf ihn ein. Aber er muss wohl noch an sein Handy gekommen sein. Jedenfalls taucht plötzlich Adil auf, springt mir von hinten auf den Rücken und nimmt mich in den Schwitzkasten. Ich versuche, ihn abzuschütteln, und drücke ihn mit aller Kraft gegen eine Hauswand. Ich höre, wie eine seiner Rippen knackt. Sein Griff lockert sich, ich denke schon, dass er aufgeben wird, doch dann spüre ich Stahl an meinem Hals. Er hat kein Messer, es ist ein angeschliffener Schraubenzieher, den er mir Sekunden danach mit aller Kraft in meinen Unterkiefer rammt. Der Schraubenzieher bohrt sich durch meine Mundhöhle, den Gaumen und die Nasenhöhle nach oben. Erst kurz vor dem Auge bleibt er stecken. Dann zieht ihn Adil heraus und sticht noch einmal zu, in die gleiche Stelle. Ich sacke zusammen, blute wie ein Schwein und kann gar nichts mehr machen.

Das sind nicht die schlimmsten Schmerzen meines Lebens. In Krefeld hatte ich mal Ärger mit einem Asiaten, der mit mir im Sicherheits- und Drogenbereich zusammengearbeitet hat. Ich wollte ihn zur Räson bringen, da hat er so ein chinesisches Dekoschwert ausgepackt und mir das Ding auf meinen Oberschenkel gehauen. Ich hätte beinahe mein Bein verloren. Zwei von meinen Quadrizepsköpfen waren danach ab. Dann hat er mir das Schwert zwischen Schienbeinmuskel und Wade gestochen.

Aber das war eine andere Sache. Der Asiate wollte mich kampfunfähig machen. Adil will mich umbringen. Hätte er keinen Schraubenzieher, sondern ein Messer gehabt, hätte er meinen Hals zerfetzt. Und ich glaube nicht, das Adil die medizinischen Kenntnisse besitzt, um beurteilen zu können, dass ich schon durchkommen werde, als er mich blutend auf der Straße liegen lässt.

Irgendwie schaffe ich es schließlich, wieder hochzukommen. Ich presse meine Hand auf meinen Hals und schleppe mich die Straße entlang. Die Passanten, die mir entsetzt ausweichen, nehme ich nur schemenhaft wahr. Das warme Blut sickert zwischen meinen Fingern durch. Ich versuche, ein Taxi anzuhalten, aber mehrere Wagen fahren an mir vorbei, weil sie mich für einen Besoffenen halten. Der fünfte oder sechste Fahrer lässt mich endlich einsteigen. Noch auf dem Weg ins Krankenhaus werde ich ohnmächtig.

Es dauert ein halbes Jahr, bis sich unsere Wege wieder kreuzen. Monatelang habe ich nach Adil gesucht, ohne Erfolg. Er ist wie vom Erdboden verschluckt. Ich vernachlässige sogar mein Drogengeschäft, so sehr suche ich nach ihm. Es geht mir allerdings nicht nur um Rache. Wenn sich herumspricht, dass man Gianni ruhig einen Schraubenzieher in den Hals stecken kann, ohne dass Gianni etwas macht, dann kann ich mich aus dem Milieu verabschieden. Ich sehe im Geiste schon die ganzen Dealer-Ratten in den Baumarkt fahren, damit sie beim nächsten Drogeneinkauf einen Kreuzschlitz dabeihaben. Aber Adil, so sehr ich mich auch bemühe, bleibt verschwunden.

Als ich die Suche bereits aufgegeben habe, klingelt eines Tages mein Handy. Ein befreundeter Bordellbesitzer ist dran.

»Seid ihr gerade in Maastricht?«, fragt er.

»Ja, aber wir haben zu tun.«

»Kommt vorbei, es gibt Ärger in meinem Club.«

Ich bin mit zehn Jungs unterwegs. Eigentlich wollen wir zu Joost, die Liefermengen für die nächsten Wochen besprechen, aber wir haben genug Zeit für einen Zwischenstopp.

Das Bordell ist nicht besonders groß, zwischen einer Spielothek und einem Elektronikhändler gelegen. Es gibt eine schmale Tür mit der Aufschrift »Girls«. Ich drücke die Klingel, Sekunden später wird der Türsummer betätigt. Eine schmale Treppe führt in den ersten Stock, das Treppenhaus ist mit Leuchtstoffröhren erhellt, über die rote Folie geklebt ist. Im Gang hängen Nacktfotos von asiatischen Frauen. Die Bar im ersten Stock ist klein, vier Gäste in Anzügen sitzen in der Sofaecke, bei ihnen ebenso viele Prositutierte. Sie scherzen, die Gäste sollen bei Laune gehalten werden. Ich grüße kurz den Chef, der nervös wirkt und mich bittet, die Angelegenheit dezent zu klären. Hinter einem Vorhang versteckt führt eine weitere Treppe hoch in den zweiten Stock, in dem die Nuttenzimmer von einem Gang abgehen. Wahrscheinlich war das Gebäude früher einmal ein Hotel. Alle Türen stehen offen bis auf die Tür der Nummer drei.

Aus dem Zimmer hören wir Geräusche, als würde jemand die Möbel umstellen. Ich drücke die Klinke herunter, muss mich dann aber mit aller Macht gegen das Holz stemmen, weil von drinnen ein Stuhl gegen die Tür gelehnt ist. Auf dem Bett in der Ecke kauert eine hagere Blonde mit kleinen Brüsten und Pagenschnitt. Sie ist Anfang 20, splitternackt und hat einen Bluterguss im Gesicht und Striemen auf den Brüsten. Der Freier hat wohl gedacht, er könne für kleines Geld eine Party mit ihr veranstalten, die nicht ihr Stil ist. Das Zimmer ist verwüstet, der Glastisch zertreten, ein Nachttisch umgeworfen und an der Tapete sind dunkle Spritzer, weil jemand eine Plastikflasche mit Babyöl mit aller Gewalt gegen die Wand geworfen hat. Immerhin ist es so wohl kein Problem, wenn wir bei unserem Gespräch mit dem Freier ein bisschen Sauerei machen.

Der Freier steht mit dem Rücken zu uns, er ist nur mit einer Unterhose bekleidet. Als er sich umdreht, durchströmen Glückshormone meinen Körper. Ich bin ein gläubiger Mann, aber in diesem Moment hätte wohl selbst ein Atheist den Herrn gelobt.

Adil fängt an zu heulen wie ein Kind, als er mich erkennt.

Zwei Stunden später sind wir fast fertig mit ihm. Ziemlich lang haben wir uns den kehligen Singsang der marokkanischen Sprache angehört. Es ließ sich nicht sagen, wann Adil fluchte, wann er bettelte und wann er drohte. Aber eine schöne Sprache ist es.

Jetzt sitzt Adil apathisch auf dem Rücksitz meines Autos. Er trägt immer noch nur seine Unterhose, die ist aber mittlerweile nicht mehr weiß, sondern voller Blut und Pisse. Keine Sorge, ich habe natürlich eine Plastiktüte auf den Sitz gelegt.

Es geht mir nicht mehr nur darum, mir Respekt zu verschaffen oder mich zu rächen. Es geht mir auch um die Frau, an der er sich vergangen hat: Er hat die Prostituierte übel zugerichtet, sie mehrfach vergewaltigt. Das Mädchen hat danach nie wieder in diesem Job gearbeitet.

Eigentlich sind wir nun fertig mit Adil, glauben, dass er seine Lektion gelernt hat. Allerdings sollen alle mitbekommen, was Adil widerfahren ist, um Nachahmer abzuschrecken. Ich brauche einen großen Paukenschlag. Aus PR-Gründen sozusagen.

Die Idee, ihn an einer Maas-Brücke aufzuhängen, stammt von mir. Nackt soll er für alle sichtbar über der Maas baumeln. Also halten wir an einer Brücke im Innenstadtbereich, verschnüren ihn mit ein paar Abschleppseilen, allerdings nicht am Hals, und stoßen ihn über das Geländer. Er strampelt und hat auch seine Sprache schnell wiedergefunden. Wir können uns aber nicht lange daran freuen, denn wir hören ein Martinshorn und sehen auch schon den Streifenwagen, der über die Brücke auf uns zufährt.

Irgendein braver Bürger wird sie gerufen haben. Zehn muskulöse Brecher, die mit ihren Autos den Verkehr auf der Brücke aufhalten und einen nackten Mann über der Maas aufhängen, das sorgt natürlich für Aufsehen.

Wir ziehen erst einmal unsere Waffen und ballern herum, um Zeit zu gewinnen. Da unterscheiden sich Streifenpolizisten in den Niederlanden nicht von denen in Deutschland. Wenn zur Begrüßung geschossen wird, gehen die erst mal in Deckung und warten auf Verstärkung.

Wir lösen das Seil, Adil stürzt in die Maas. Dann fahren wir ab.

Adil hat seine Lektion übrigens nicht gelernt. Im Süden der Niederlande, in der Region Limburg, wurde er zwar nicht mehr gesehen, aber er ging hoch in den Norden, nach Rotterdam. So hatten wenigstens wir unsere Ruhe vor ihm.

Der Charakter eines Menschen ist entscheidend, nicht, wie er sein Geld verdient. Adil war ein Drogenhändler wie wir, aber er war dreckig, unseriös, hatte kein Niveau.

Unser Fehler war, dass wir uns überhaupt mit ihm eingelassen hatten. Als ich jung war, dachte ich noch, der Charakter der Menschen entwickele sich weiter. Dass jeder irgendwann merken würde: Was man sät, das erntet man auch.

Heute weiß ich: Du kannst von einem Lügner niemals die Wahrheit erwarten. Du kannst mit einem Klatschweib keine Geheimnisse teilen und mit einem Betrüger niemals ehrliche Geschäfte machen.

Ein paar Jahre später soll Adil dann richtig Ärger bekommen haben. Erst mit seiner eigenen Familie, die keinen Bock mehr hatte, dass Adil den Ruf der Sippe in den Dreck zog. Und kurz darauf mit der Justiz. Da verschwindet seine Spur.

Wenn er nicht mehr im Knast sitzt, verkauft Adil wohl irgendwo Kebab. Und bescheißt seine Kunden wahrscheinlich beim Wechselgeld.

HINGERICHTET

Wir sind trotz unserer Umsätze unauffällig genug, um keine Begehrlichkeiten zu wecken. Das ist das Geheimnis, warum das Drogengeschäft zwei Jahre lang gut und reibungslos läuft. Mehmet ist für alle immer der Typ aus der Waschanlage geblieben. Was er nun genau macht, interessiert niemanden. Unsere Dealer, die armen Waisen aus dem Osten, kennt auch niemand. Den anderen, alteingesessenen Dealern sind sie suspekt.

Für mich ist es nicht ganz so einfach. Ich bin allein durch mein Aussehen auffällig. Und ich muss die Geschäfte mit den Türchefs machen.

Wer das aber allein macht, lebt gefährlich. Ich brauche also mächtige Partner. Aber Partner, vor allem mächtige, wollen natürlich mitverdienen. Bis ihnen dann womöglich einfällt, dass es vielleicht sogar besser wäre, dich ganz loszuwerden, um das Geschäft allein zu machen.

Mein Trick ist: Ich inszeniere mich als unnahbaren Boss mit Kontakten zur türkischen Mafia. Ich gehe daher regelmäßig in türkische Clubs und treffe mich mit Leuten von den Grauen Wölfen. Die türkischen Faschisten finanzieren ihren politischen Kampf durch den Verkauf von Drogen oder sie nutzen ihren politischen Kampf, um eine Rechtfertigung für den Drogenhandel zu haben. Ich mache ein paar Geschäfte mit ihnen, nie wirklich große Sachen, aber so erscheine ich einflussreicher, als ich eigentlich bin.

Es hätte so noch ewig weitergehen können, hätte ich nicht irgendwann in die Fratze eines Junkies geblickt … Ich stehe mittags vor dem »Poison«, einem Techno-Club in Duisburg. Zoran und Bülent, meine beiden Bodyguards, sind mit im Auto. Wir warten auf den Türchef, der seinen Briefumschlag abholen soll. Die Absprache ist folgende: Im Laden wird nur durch meine Leute gedealt, und die Türsteher machen ihnen keinen Ärger. Dafür bekommt der Türchef den Umschlag mit seinem Anteil darin.

Plötzlich fällt mir ein Typ auf, der am Rand des Parkplatzes steht und immer wieder zu uns herüberguckt. Er ist schlaksig, ich schätze ihn auf höchstens 17 Jahre, er sieht aus, wie Raver damals eben aussehen: Baggy Pants, enges T-Shirt, Schnuller an einer Kette um den Hals. Hoffentlich ist das keiner von meinen Dealern, schießt es mir durch den Kopf.

Viele der Piccos, die für uns verkaufen, kenne ich ja gar nicht. Denn Mehmet organisiert den Verkauf, ich den Einkauf. Der Typ auf dem Parkplatz würde vom Alter her genau passen. Er steht etwa 15 Meter von uns entfernt und starrt uns an. Als Zoran und Bülent gerade aussteigen wollen, um ihn zu vertreiben, verschwindet er in Richtung Straße. Kurz darauf kommt der Türchef heraus, wir tauschen ein paar Floskeln aus und er bekommt den Briefumschlag. Als wir uns entspannt zurücklehnen, zufrieden, dass der Deal reibungslos über die Bühne gegangen ist, klopft es an meine Scheibe.

Ich drehe mich zum Fenster. Da steht der Typ, ich sehe in seine Augen mit tiefen Ringen darunter – er scheint seit Tagen nicht mehr geschlafen zu haben. Erst jetzt kann ich das ganze Ausmaß seines Verfalls erkennen: Die Zähne sind weggefault und er hat sicher 15 Kilogramm zu wenig auf den Rippen. Er sieht aus wie ein Heroinabhängiger.

Ich drücke auf den Knopf für den elektrischen Fensterheber, weil ich hören will, was der Typ von mir will. Obwohl ich bereits eine dunkle Ahnung habe.

»Gianni, ich wollte dir danken«, sagt der Typ und streckt seine Hand durchs Fenster, »ich bin stolz, für dich zu arbeiten, zu euch zu gehören.«

»Danke, Mann«, antworte ich stotternd.

»Ich hab mein Leben lang eins auf die Fresse gekriegt. Jetzt traut sich keiner mehr, mich anzufassen«, sagt mein Dealer. Dann beginnt er geradezu zu schwärmen, dass er für mich arbeitet. Ich würde ihm alles ermöglichen, genug Geld, genug Drogen, Respekt seiner Freunde. Er meint das tatsächlich ernst. Aber wenn dir eine lebende Leiche sagt, dass du sie zu dem gemacht hast, was sie ist, nimmt dich das mit – auch wenn sie dafür Danke sagt.

Wir plaudern noch kurz, dann fahren wir ab, lassen den Junkie auf dem Parkplatz stehen.

Ich zittere. Auf einen Schlag ist mir klar, wie dumm und verblendet ich gewesen bin. Wie grundlegend und schwer der Fehler gewesen ist, den ich gemacht habe. Ich habe gedacht, dass meine Drogen niemandem schaden. Ich kannte ja nur die Partygänger, die am Wochenende ein bisschen was einwarfen, um in Stimmung zu kommen. Was die Drogen auch noch anrichten können, hatte ich bis dahin verdrängt.

Der Junge, den ich gerade gesehen habe, verkauft meinen Stoff nicht nur. Er ist von meinem Stoff auch 24 Stunden zugedröhnt. Der Junge, der mich für den Größten hält, ist so gut wie tot. Und ich habe ihn hingerichtet, mit meinem Stoff.

Noch an diesem Abend sage ich Mehmet, dass ich aus unserem Drogengeschäft aussteigen will. Ich erzähle ihm jedoch nichts von der Begegnung mit dem Dealer. Nur, dass ich es satthabe und etwas anderes machen will.

Mehmet versteht es. Wir haben in den vergangenen Jahren so viel Geld verdient wie andere Menschen in ihrem ganzen Leben nicht.

Mehmet und Anja trennen sich wenig später. Aber Mehmet macht mit der Kohle das Beste. Er gründet eine Firma, die gebrauchte Autos für den Verkauf aufarbeitet. Gründliche Innenreinigung, polieren, Beschädigungen kaschieren. Seine Kunden sind Autohändler und er verdient noch heute damit gutes, solides Geld.

Ich bin nicht so klug. Ich investiere mein Geld in mein nächstes Projekt. Den Laden habe ich mir schon vorher ausgeguckt, er befindet sich im Industriegebiet von Kamp-Lintfort. Ich nenne ihn »Titty Twister«, wie der Stripclub in *From Dusk Till Dawn*. Ich will da den besten Tabledance-Laden im Ruhrgebiet aufbauen. Wer arbeitet schließlich nicht gerne mit schönen Frauen? Und wer hat keinen Bock auf Party?

»MIAMI«

»Keine Gruppe unter den Prostituierten wächst so rapide wie die der Frauen aus Osteuropa. Mehr als ein Drittel der Profihuren in Deutschland, schätzen Experten, stammt inzwischen aus Polen, Bulgarien, Rumänien, Tschechien und aus den Ländern der ehemaligen Sowjetunion. (…) Die Kalkulation der Zuhälter ist simpel: Der Import von jungen Frauen etwa aus dem fernen Asien oder Südamerika ist teurer und komplizierter als der kurze Trip nach Posen, Warschau, Prag oder Budapest.«

Der Spiegel, 20.1.1997, »Milliardengeschäft Frauenhandel«

Es ist eine schlechte Idee, mit einem Mercedes S-Klasse nach Polen zu fahren. Das Auto ist einfach zu teuer, zu auffällig, das weckt Begehrlichkeiten. Nicht umsonst verbieten es ja viele Mietwagenfirmen, mit Autos eines gewissen Wertes über die polnische Grenze zu fahren.

Ein Freund von mir, Markus, ist mit einer Polin zusammen. Als seine Cousine von ihr heiraten will, ein großes Familienfest, setzen wir uns in meine S-Klasse und fahren die 500 Kilometer nach Stettin.

Die Landschaft mit ihren bewaldeten Hügeln und Flüssen ist wunderschön. Stettin selbst hat viel von seiner Schönheit im Krieg verloren. Die Altstadt ist stark zerstört worden, vieles wurde nicht wiederaufgebaut – oder durch Betonklötze ersetzt. Man spürt in der Stadt, wie viel nach dem Fall des Eisernen Vorhangs in Bewegung ist. Überall ragen Kräne in den Himmel, es wird Geld verdient. Legales Geld – und viel illegales Geld.

Ab Ende der 90er-Jahre bin ich oft in den Staaten des ehemaligen Ostblocks. Der »Wilde Osten« ist für jeden im Milieu interessant. Plötzlich gibt es Waffen im Überfluss. Es gibt korrupte Beamte und es gibt neue Schmuggelwege für Drogen. Starke Männer, die bisher in Spezialeinheiten der kommunistischen Staaten verpflichtet waren, drängen nun auf den freien Markt. Und viele motivierte junge Frauen, die vom Wohlstand im Westen etwas abhaben wollen.

Jeder weiß, dass durch das Ende des Kalten Krieges die Karten im kriminellen Milieu in ganz Europa neu gemischt werden. Wer sich nicht um Kontakte nach Osteuropa bemüht, wird früher oder später aus dem Geschäft gedrängt.

Die Stettiner sind gastfreundlich und sie wissen zu feiern. Die Hochzeit ist ein schönes Fest, es wird viel gegessen und getrunken. Markus und ich setzen uns aber später am Abend ab, denn für uns ist der Polen-Besuch auch eine Geschäftsreise. Wir wollen nämlich einen Blick auf die Rotlicht-Clubs werfen. Da ich ja einen eigenen Club plane, kann es nicht schaden, mich inspirieren zu lassen.

Die Tabledance-Bars und Bordelle ähneln sich auf den ersten Blick auf der ganzen Welt. Es gibt etwas zu trinken, die Mädchen flirten mit dir, danach ziehen sie sich entweder aus oder du kannst mit einer aufs Zimmer gehen. Aber wenn du dich im Milieu auskennst, siehst du die kleinen Unterschiede. Geht es dem Club darum, den Gästen wirklich eine gute Zeit zu bieten, um so Stammgäste an sich zu binden? Oder geht es nur darum, möglichst schnell Touristen abzuzocken, die einmal und nie wieder kommen? Wie werden die Gäste behandelt, die nach wenig Geld aussehen? Kommen die Frauen auf einen Gast zu oder warten sie darauf, angesprochen zu werden?

Der erste Club, das »Hokus Pokus«, ist ein kleines Lokal in einem ausgebauten Hobbykeller, eigentlich nichts Besonderes. Trotzdem gilt er als einer der bekanntesten Clubs in Stettin. Markus bekommt etwas Ärger, weil ihn ein paar Nutten abzocken wollen, aber die Situation lässt sich mit ein paar deutlichen Ansagen klären. Wir fahren dann weiter durch die Nacht und landen schließlich im »Miami«. Dieser Club befindet sich nicht in einem Rotlichtviertel, sondern in einem Wohngebiet, mit mehreren besseren Villen drum herum. Dezent am Ende einer Sackgasse gelegen, scheint er eine bessere Adresse als das »Hokus Pokus« zu sein.

Die guten Clubs sind ja meist nicht in den klassischen Rotlichtbezirken. Ein guter Club hat auch einen gewissen Ruf bei den Gästen, da kommen sie extra dafür angefahren. Diese Clubs wollen den betrunkenen Freier gar nicht, der von einem Etablissement ins nächste torkelt und Ärger macht, ohne genug in der Brieftasche zu haben. In einer schönen, ruhigen Gegend kann sich ein Club nur Frauen und Gäste leisten, die keinen Ärger machen. Sonst beschweren sich sofort die Nachbarn.

Das »Miami« ist drinnen sauber und ordentlich, aber auch nicht mehr. Ein Mädel tanzt, fünf Frauen sitzen an Tischchen im Raum verteilt. Die sind zwar alle ganz hübsch, aber auch nichts Besonderes. Alle haben ihre beste Zeit gerade hinter sich. Das Bordell, das als »Go-go-Bar« wirbt, hat den Charme eines Wohnzimmers. Kaum haben Markus und ich an der Bar Platz genommen, setzen sich auch schon zwei Mädels zu uns. Wir machen ihnen sofort klar, dass wir nur zum Trinken da sind.

»Na, komm schon, ich mach dir einen guten Preis«, sagt die eine in gebrochenem Deutsch. Dann betet sie runter, was sie alles macht. Küssen, Blasen, Ficken, das volle Programm. Da ich kein Freier bin, erkläre ich ihr ziemlich freundlich, dass ich nur etwas trinken will. Damit sollte die Sache eigentlich erledigt sein, aber dann kommt tatsächlich noch ein Typ zu uns an den Tisch, zurückgegelte Haare, Goldkettchen … Er hat hier anscheinend etwas zu sagen. Er bietet uns Freigetränke an und meint, ich müsse fürs Zimmer auch nur den halben Preis bezahlen. Als würde es die Ehre des Clubs verletzen, wenn ich nicht mit dem Mädel auf ein Zimmer gehe. Da mir das einfach zu viel wird, sage ich zu Markus: »Lass uns gehen«, und lege ein paar Scheine auf den Tresen. Dann gehen wir zur Tür, aber die beiden Türsteher wollen uns nicht rauslassen.

»Wo ist Problem?«, fragt der eine und packt mich an der Schulter.

Auf fremdem Terrain verhält man sich normalerweise besser ruhig. Denn du weißt ja nie, wie schnell hier jemand das Messer zieht. Aber die Situation scheint sowieso ins Gewalttätige abzudriften. Gerade machen, Gianni! Also packe ich einen der Tische und schleudere ihn in den Raum. Er zerbricht an einer Wand. Ich balle die Fäuste und schaue dem Türsteher in die Augen. Eine Sekunde lang wägt er ab, was er machen soll, dann sagt er: »Okay, okay.« Wir drängeln uns an ihm vorbei, durch die Tür und auf die Straße. Da sehen wir, dass ein Abschleppwagen vor meinem Auto geparkt hat. Und ein Polizeiwagen steht auch schon bereit. Da ich mich natürlich nicht ins Halteverbot gestellt habe, ist mir schnell klar, warum die uns unbedingt auf die Zimmer bekommen wollten.

Der Trick ist recht alt: Ein schickes Auto ist allemal mehr wert als ein einmaliger Kunde. Also wird der Kunde aufs Zimmer gelockt, für die Nutte ist es dann ein Leichtes, sich den Schlüssel aus der Tasche zu schnappen. Jetzt könnte natürlich einfach jemand mit dem Wagen wegfahren. Das wäre aber ziemlich unklug, denn dann bekäme der Club Schwierigkeiten. Die Polizei würde auftauchen und es würden viele Fragen gestellt werden. Was macht also der kluge Dieb? Er bezieht die Polizei von Anfang an in die Aktion mit ein. Und so läuft das dann: Schlüssel weg, dann holen die Polizisten den Wagen ab. Der Freier merkt, dass sein Schlüssel fehlt. Also ruft er die Polizei. Die aber sagt: »Den Wagen haben wir abgeschleppt, holen Sie ihn sich morgen bei uns ab. Der Schlüssel hat noch gesteckt, seien Sie froh, der hätte geklaut werden können.«

Am nächsten Tag, auf der Wache, kostet das dann natürlich ziemlich hohe Gebühren, fürs Abschleppen, Sicherheitsleistungen, Zuschläge, Strafgebühr. Die Polizei kommt also auf ihren Schnitt. Außerdem war eine ganze Nacht Zeit, den Schlüssel nachzumachen. Wenn du dann das nächste Mal dein Auto unbeaufsichtigt stehen lässt, ist es auf jeden Fall weg. Und das, ohne dass ein schlechtes Licht auf den Club fällt.

Bei mir hat die Masche nicht geklappt. Ich winke dem Typen im Abschleppwagen nett zu. Der guckt zwar blöd, aber was soll er machen? Dann steigen wir in unseren Wagen und fahren los.

Als wir am nächsten Tag noch einmal um die Häuser ziehen wollen, nehmen wir ein Taxi. Wir haben einen netten Fahrer, mit dem wir ins Plaudern kamen und der uns ein paar Clubs empfiehlt.

»Gefällt euch Stettin?«, fragt der Taxifahrer.

Darauf erzählen wir von unserem Ärger im »Hokus Pokus« und dem »Miami«. Der Taxifahrer dreht sich um, lacht und sagt: »Ah, Hokuspo-

kus-Markus und Freund Miami-Gianni.« Wir lachen uns fast tot über
die Spitznamen.

Und wie das mit Spitznamen oft so ist: »Miami-Gianni« setzt sich irgendwie durch. Gianni nannten mich schon länger alle im Milieu. Erst
Janni, die Verkleinerungsform von Jan. Daraus wurde dann Gianni.
Man ist in meinem Job ungern mit vollem Namen und Meldeadresse
unterwegs. Da sucht sich jeder einen Decknamen – Gianni hätte da
völlig ausgereicht.

Die Journalisten, die über mich berichten, mögen aber offenbar die
klassischen Gangster-Namen wie »Lackschuh-Dieter«, der, bis ihn Mu-
cki Pinzner mit zwei Kopfschüssen erledigte, eben viel wert auf saubere
Schuhe gelegt hat. Oder »Karate-Thommy«, der immerhin mal Karate-
Europameister gewesen ist. Und ich bin dann eben »Miami-Gianni«.
Jahre später habe ich vor meinem Saunaclub »Tropicana« dann Kunst-
palmen vor der Tür. Das passt ja.

GEFÄHRDUNG DER ÖFFENTLICHEN SICHERHEIT

Mein Handy klingelt, als ich beim Chinesen bin. Ich esse gerade die Nummer 25, Ente süß-sauer. Zoran und Bülent sitzen mir gegenüber. Die kleine asiatische Kellnerin, die uns hier und da Reiswein nachschenkt, wirkt an unserem Tisch noch zierlicher als sonst. Allgemein sorgen wir mit unseren Muskeln und Tattoos für etwas Unbehagen im Laden.

Ich schaue auf das Handydisplay, es zeigt die Nummer vom »Titty Twister«. Also muss ich drangehen. Denn der »Titty Twister« läuft nicht besonders gut. Ich habe mich mit dem Tabledance-Laden überhoben. Die Lage in Kamp-Lintfort ist beschissen. Klar, man hat die Junggesellenabschiede, ein paar Geschäftsleute und die meist älteren Stammgäste, die sich in eine Tänzerin verliebt haben. Aber auf der anderen Seite drückt der Berg der Ausgaben. Frauen, die tanzen können, sind nun mal teurer als Prostituierte, die ihre Bezahlung direkt mit dem Freier ausmachen.

Da uns also das Geld auszugehen droht, muss ich rund um die Uhr ansprechbar sein. Am Handy ist Dirk, mein Geschäftsführer.

»Hi Gianni, hier gibt's ein Problem.«

»Was ist los?«

»Hier ist ein Typ, der will dich sprechen.«

»Sag ihm, er soll später noch mal wiederkommen, ich bin in zwei Stunden sowieso im Laden.«

Dirk zögert, dann meint er: »Er will aber, dass du sofort kommst, und du sollst Geld mitbringen.«

»Wer ist das denn?«

»Ich kenn ihn nicht. Aber er sagt, wenn du ohne Geld auftauchst, will er dir mit der flachen Hand ins Gesicht schlagen. Wie eine Frau. Damit wir alle sehen, für was für eine Muschi wir arbeiten.«

Ein Schutzgelderpresser also. Eine heikle Situation: In jedem Laden im Rotlichtmilieu versucht irgendwann eine Gruppe mitzuverdienen.

Irgendwann stehen eben die Hells Angels, die Albaner, die Türken, die Kurden oder irgendeine andere Gruppe im Laden. Wenn du dann aber anfängst zu zahlen, zahlst du für den Rest deines Lebens oder bis du pleite bist. Und wenn du nicht zahlst, gibt es zwei Möglichkeiten: Entweder du hast in der nächsten Zeit maximalen Stress oder du jagst den Erpressern so eine Angst ein, dass sie beschließen, dass das Geld den Ärger nicht wert ist, und dich in Ruhe lassen.

Es dürfte wohl klar sein, für welchen Weg ich mich als vernünftiger Geschäftsmann entschieden habe.

»Mit welcher Hand will er mich denn schlagen?«, frage ich Dirk.

Ich bekomme keine Antwort. Dirk ist wohl etwas verdattert.

»Mit welcher Hand?«, frage ich noch einmal, diesmal ziemlich laut, denn ich bin wütend. Die kleine Asiatin schaut besorgt zu unserem Tisch.

»Er hat die rechte hochgehalten.«

»Gib ihm noch was zu trinken. Geht auf mich. Und sag ihm, ich bin unterwegs, es tut mir leid, dass er kurz warten muss.«

15 Minuten später bin ich im Laden. Tanja, eine Russin mit gemachten C-Körbchen, tanzt gerade an der Stange. Sie schaut mich genervt an. Im Laden befinden sich zwei Stammkunden, sonst ist nichts los. Nur in der VIP-Ecke: Auf dem schwarzen Ledersofa sitzt mein besonderer Gast, unterstützt von drei muskulösen Aufpassern. Er selbst ist schmächtig, trägt Cowboystiefel, die angegrauten Haare im Nacken lang und auf dem Kopf kurz. Später erfahre ich, dass er Kurde und frisch aus dem Gefängnis entlassen ist. Das will ich im Nachhinein als Entschuldigung dafür gelten lassen, dass er mich nicht kennt und sich daher in meinen Laden traut.

Ich gehe zuerst zu Dirk an die Bar und fordere ihn auf, die Musik lauter zu drehen. Dann lege ich mein Jackett ab, hinten in meinem Gürtel steckt meine Pistole. Mit Zoran habe ich schon ausgemacht, dass er mir auf mein Zeichen hin die Pistole aus meinem Gürtel reichen soll.

»Ahhh, ahh, du bringst mir mein Geld«, meckert der Kameltreiber grinsend und steht auf – seine Jungs bleiben sitzen.

Statt zu antworten, packe ich ihn am rechten Handgelenk und drücke seine Hand auf den Bistrotisch, der neben den Sofas steht. Gleichzeitig zieht Zoran die Pistole aus meinem Gürtel und gibt sie mir von hinten. Ich nehme seine Bewegung auf und setze die Pistole auf dem Handrücken des Kurden auf. Dann drücke ich ab, zwei Mal. Das spritzt ziemlich. Alles dauert nur ein paar Sekunden.

Das Einzige, was mir in dem Moment durch den Kopf geht, ist: Scheiße, jetzt ist mein Tisch kaputt. Ich habe alle Tische von einem Bekannten gekauft, der eine Eisdiele hat, und ich weiß, dass er keine mehr hat. Ich werde den Tisch also nicht einfach so ersetzen können.

Das Timing ist in dieser Situation entscheidend. Denn es hätte eine wilde Schießerei werden können, wäre nicht der Moment der Überraschung auf meiner Seite gewesen. Als die Begleiter des schmächtigen Kurden sehen, wie ihr Chef brüllt, sich seine Hand hält und sich wahnsinnig vor Schmerz auf dem VIP-Sofa krümmt, hat keiner mehr Lust, etwas zu unternehmen.

Zoran gibt einem der Jungs noch eins in die Fresse, dann rennen alle aus dem Laden, und ihr Chef blutet mir auf dem Weg nach draußen noch den Teppich voll.

Ich sehe ihn nie wieder. Aber das ist nur der Anfang. So glatt mein Drogengeschäft gelaufen ist, so viel Ärger wird mir »Titty Twister« machen.

Ein Freund und Geschäftspartner von mir, Marco, hat im »Titty Twister« eine Frau kennengelernt. Svetlana, eine Tschechin. Sie tanzt bei mir, ist eher üppig als schlank und ihre Brüste hängen ein bisschen. Wahrscheinlich hat sie in Tschechien ein Kind. Da stillen die Frauen ja meist lange. Sie macht aber, wie viele Frauen aus dem Rotlichtmilieu, die körperlichen Defizite mit Charme und Frechheit wett. Sie erzielt in meinem Laden die besten Umsätze. Doch mein angeborenes Radar sagt mir: Die ist gefährlich.

Ich sage das auch zu Marco, aber selbstverständlich will er nicht auf mich hören. Die Tschechin ist für ihn natürlich die schönste Frau von allen und es wird keine bessere mehr kommen.

Gemeinsam schmiedet das Paar den wirren Plan, eine neue Struktur in Tschechien aufzubauen. Sie wollen was mit Drogen machen und mit Frauen, also mit tschechischen Spezialitäten das große Geld verdienen.

Ich weiß ein paar Dinge über Svetlana. Denn wenn sie zugekokst ist, wird sie weinerlich und redselig. Eines Morgens, als keine Gäste mehr im Laden sind und Dirk an der Kasse die Abrechnung macht, hat sie mir ihr Herz ausgeschüttet, während sie sich die dritte Line die Nase hochzieht. Sie hat erzählt, sie käme aus einer großen, brutalen Sippe, so um die 150 Familienmitglieder, jeder Einzelne ist kriminell. Und so brutal, wie sie ihre Geschäfte durchziehen, sind sie auch untereinander. Drei ihrer Brüder haben sie zur Strafe dafür vergewaltigt, dass sie sich mit dem falschen Mann eingelassen hat. Das ist also die Familie, mit der Marco Geschäfte machen will.

Ich komme trotzdem mit nach Pilsen, wo er sich mit ihrer Familie treffen soll. Wir fahren mit zwei Autos, sind zu acht und halten das für ausreichend Begleitschutz trotz meines schlechten Gefühls.

Treffpunkt ist ein Gasthof am Stadtrand mit einem dunklen Parkplatz. Als wir aussteigen, schießt mir durch den Kopf, dass das doch alles sehr nach Falle aussieht. Svetlana und Marco sollen allein in die Kneipe gehen, ich halte das allerdings für keine gute Idee. Aber Svetlana greift nach seiner Hand und geht mit ihm entschlossen zur Tür des Gasthofs. Ihre zarte Hand kann ziemlich fest zupacken.

Wir müssen nicht lange draußen warten, dann kommen fünf Mann aus dem Laden, nicht besonders kräftig, aber verschlagen aussehend. Sie machen uns die Ansage, die ich fast erwartet habe: »Bringt uns 30 000 Mark, sonst kommt euer Freund nicht mehr raus.«

Die kleine Tschechin hat uns zur Familienfeier also als Martinsgänse zum Ausnehmen mitgebracht.

Wir haben etwas Geld dabei, knapp 15 000 Mark, um damit Kokain zu kaufen. Es ist Marcos Geld, aber ich gehe davon aus, dass es in seinem Sinne ist, es gegen sein Leben zu tauschen. Ich drehe mich also um zu meinem Auto. Aber als ich die Tür öffne, höre ich tschechische Rufe und dann Schüsse. Svetlanas Brüder haben meine Aktion wohl falsch verstanden. Zwei Kugeln treffen mich in den linken Oberschenkel. Erst ein Gefühl wie ein Biss, danach unerträgliche, pochende Schmerzen.

Meine Jungs springen in die Autos, und einer zieht mich auf den Beifahrersitz. Dann rasen wir los, weg von der Ballerei. »Fuck, fuck, fuck«, schreit einer meiner Jungs. Ich bemerke, dass ich durch meine zerfetzte Anzughose in meinen Oberschenkel fassen kann.

Auf dem Rückweg machen wir in Nürnberg halt. Da kennt Zoran einen Tierarzt, der mich zusammenflickt, ohne Fragen zu stellen.

Marco kommt Wochen später zurück ins Ruhrgebiet. Sie haben ihn übel zugerichtet. Er zieht sich danach aus allem raus und ich habe im »Titty Twister« dadurch zwei helfende Hände weniger.

Der Zwischenfall, der mich letztendlich den Laden kostet, ist ein lächerlicher Streit mit einem Angestellten. Firat ist Kellner bei mir, aber er bringt immer wieder Unruhe in den Laden. Ziemlich schnell kommt er mit einer der Tänzerinnen zusammen. Das ist schlecht fürs Geschäft. Der Kunde geilt sich schließlich an der Frau auf, die ihre Muschi an der kalten Stange auf der Tanzfläche reibt und den Gast dabei so anschaut, als würde sie ihn meinen. Und welcher Kunde will das schon, dass sie dann, wenn sie fertig getanzt hat, mit dem Kellner rummacht?

Ich würde das sogar tolerieren. Aber dann beginnt Firat, immer mehr Drogen zu nehmen und dadurch unberechenbar zu werden. Also kündige ich ihm. Er hat so was wohl schon kommen sehen, jedenfalls verlangt er sofort seinen ausstehenden Lohn. Dann fügt er noch hinzu: »Gib mir auch das Geld für meine Mutter.« Seine Mutter ist Putzfrau bei mir, eine ordentliche, korrekte Frau. Am liebsten wäre es mir, sie würde bleiben, aber mir ist natürlich klar, dass ich auch die Mutter los bin, wenn ich den Sohn rauswerfe.

»Das bring ich ihr lieber selbst. Du bist wieder voll drauf, und da bin ich mir nicht sicher, ob das Geld wirklich ankommt.«

In seinen Augen bin ich damit zu weit gegangen. Er stößt mich mit dem Kopf gegen einen Betonpfeiler, was mir eine Platzwunde an der Stirn einbringt. Daraufhin greife ich zu einem Feuerlöscher und schlage damit um mich, um meinen Angreifer auf Distanz zu halten. Es ist eher Glück, dass ich Firat dabei nicht umbringe. Einem ängstlichen Kellner ist das Ganze zu viel und er ruft die Polizei. »Schließen Sie den Laden«, sagt dann einer der Polizisten zu mir, nachdem sie uns mit sechs Mann getrennt haben.

In der nächsten Woche kommt ein Brief vom Ordnungsamt. Sie entziehen mir die Konzession. Das »Titty Twister« stelle eine Gefährdung der öffentlichen Sicherheit dar, heißt es.

Nach dem Fehlschlag mit dem »Titty Twister« wird es für mich zunehmend ungemütlicher im Ruhrgebiet. Denn nun ist die Staatsmacht auf mich aufmerksam geworden. Und beginnt auch, sich mehr für meine Drogenvergangenheit zu interessieren.

Es gibt ja die wildesten Gerüchte darüber, wie sich das Rotlicht Informanten bei der Polizei sichert. Hohe Bestechungsgelder, lebenslang gratis Puffbesuche …

Bei mir ist das einfacher. Ich bekomme meine Infos von Claudia. Sie ist Mitte 20, blond, klein, hübsch, Polizeimeisterin, Beamtin im mittleren Dienst. Claudia kenne ich noch aus meiner Zeit als Türsteher, denn sie geht samstags gerne feiern.

Wir treffen uns etwa zweimal im Monat, immer bei mir, immer tagsüber. Meine Muckis und die Tattoos machen sie wohl an.

Als ich ihre SMS bekomme: »Ich muss dich sehen«, denke ich an nichts Schlimmes. Aber als sie eine halbe Stunde später in meine Wohnung kommt, erkenne ich in ihrem Gesicht, dass sich mein Leben verändern wird.

»Da steht plötzlich einiges im Computer über dich«, sagt sie, kaum dass ich die Tür hinter ihr geschlossen habe.

Und dann erzählt sie mir, in welchen Ermittlungen mein Name plötzlich auftaucht. Ich soll zum Beispiel einen Türsteher mit 14 Schüssen in seinem Auto niedergestreckt haben, weil er die Frau meines Partners angefasst hat. Der Hammer ist aber: In Odessa, in der Ukraine, sind zwei Frauenhändler ermordet worden. Hauptverdächtiger: Gianni Sander. Ich bin tatsächlich einmal in Odessa gewesen, geschäftlich, aber um Frauen für mein Bordell zu finden und nicht um Zuhälter zu erschießen. Die Ukraine hat sogar bereits einen Antrag auf Amtshilfe gestellt.

Mir ist klar, dass ich abtauchen muss. Ich besorge mir also diverse Pässe, einen griechischen, einen französischen und einen deutschen, die sind für mich leicht zu organisieren.

Es gibt eine Menge Möglichkeiten, sich gefälschte Papiere zu besorgen. Einen kompletten Reisepass zu fälschen ist natürlich aufwendiger, als nur eine Geburtsurkunde nachzumachen. Also geht man mit der gefälschten Urkunde zum Amt, sagt, dass der Personalausweis geklaut worden ist, und legt die Geburtsurkunde vor. Noch Passbilder machen und schwups, schon ist der neue Ausweis da.

Eine andere, noch einfachere Methode ist es, einfach einen alten Pass zu kaufen. Von einem Kumpel beispielsweise. Der kann den ja dann als gestohlen melden und kriegt einen neuen. Dann laufen eben zwei Personen mit gleicher Identität durch die Gegend.

Wer Kontakte im kriminellen Milieu hat, bekommt schnell mit, wer mit Dokumenten handelt. Bei jedem einfachen Taschendiebstahl fallen neben etwas Geld auch Führerscheine und Personalausweise an. Damit kann ein Junkie, der sich nur ein paar Euros für den nächsten Schuss besorgen wollte, natürlich wenig anfangen. Außer sie für ein paar Euros an einen Händler zu verkaufen, der weiß, wie man Papiere zu Geld macht. Mit einem Ausweis lassen sich beispielsweise Konten eröffnen, Kreditkarten bestellen, oder man kann eben unerkannt durch die Welt reisen.

Die Pässe aus dem Ausland gehen meist noch besser. Da funktioniert oft auch noch die gute alte Methode, das Foto einfach durch ein eigenes zu ersetzen. Wer dann mit der Polizei zu tun hat, kann zu 99 Prozent sicher sein, dass sich der Beamte nicht mit den ausländischen Sicherheitsmerkmalen auskennt und dass ihm Ungereimtheiten beim Stempel nicht auffallen.

Mit den falschen Pässen ausgestattet, kehre ich Deutschland dann den Rücken.

Catch me, if you can.

AUF DER FLUCHT

AUSTRALIEN

»Nehmen Sie Anabolika?«, fragt mich der Zöllner. Ich kann mich kaum auf seine Frage konzentrieren, denn ich beobachte aus den Augenwinkeln, wie seine beiden Kollegen mein Gepäck auseinandernehmen. Ich schwitze Blut und Wasser.

»Nehmen Sie Anabolika?«, fragt mich der Australier lauter, strenger. Ich schüttle den Kopf.

»Betreiben Sie Leistungssport?«, bohrt er weiter, während er den Reisepass studiert, den ich ihm über den Tisch zugeschoben habe.

Ich bin auf dem Flughafen von Sydney, die Reisenden drängen sich an mir vorbei. Bei den anderen wird höchstens mal kurz der Koffer aufgemacht. Aber mich nehmen die drei Männer von der Border Security richtig in die Mangel.

Im vergangenen Jahr habe ich viel Zeit auf Flughäfen verbracht. Denn ich verbinde meine Flucht aus Deutschland mit einer Tour um die Welt, auf der ich neue Kontakte knüpfen und mir überlegen will, wie ich zukünftig mein Geld verdienen kann. Aber in diesem Moment fürchte ich, dass ich mir um Geld und Zukunftspläne keine Gedanken mehr machen muss. Ab jetzt gibt es freie Kost und Logis, da ich für lange Zeit in den Knast wandern werde. Weil ich einen Fehler gemacht habe, der mir erst aufgefallen ist, als mich die Australier schon in der Mangel haben.

Ich bin mit einem deutschen Pass unterwegs, den ich einem Bekannten von mir für 1000 Mark abgekauft habe. Für die Zöllner heiße ich Frank, will mir die Welt ansehen. Den Pass habe ich seit meiner Flucht aus Deutschland bei fast allen Grenzübertritten benutzt. Da er echt ist, macht er mir nie Probleme. Sogar in Los Angeles, wo ich Freunde besucht habe, wurde ich ohne große Fragen durchgewinkt. Dabei ist das Einreise-Prozedere in den USA das nervigste und risikoreichste der Welt. Nur einmal ist es bisher knapp geworden. In Singapur, im Transit, wo ich nichts anderes wollte als von einem Flugzeug ins andere steigen und gar keine ausführlichen Kontrollen vorgesehen sind. Da stand plötzlich ein kleiner Asiate mit Maschinenpistole vor mir. Der wollte meinen Pass sehen. Als ich ihm den zeigte, reichte ihm das nicht. Er wollte noch ein anderes Dokument, auf dem der Name steht. Meinen Personalausweis. Natürlich hatte ich keinen, dem Zwerg kam das komisch vor, alle Deutschen haben doch noch einen Personalausweis. Ich sagte, dass mein Flieger gleich ginge, das war noch nicht mal gelogen. Wir diskutierten, er verlangte eine *driver's license*. »Brauche ich nicht, ich fahre Taxi«, antwortete ich. Eine Kreditkarte, irgendein anderes Dokument mit meinem Namen. Er wurde immer misstrauischer und mir gingen die Geschichten aus, je länger die Diskussion andauerte. Dann wurde mein Flieger aufgerufen. Ich gestikulierte, erklärte ihm, dass ich den nicht verpassen dürfte, ein wichtiger Termin: »*Business!*« *Business* war offenbar ein Schlüsselwort für ihn, das ihn zum Einlenken bewegte. Er schaute noch einmal auf meinen Pass, dann gab er ihn mir zurück. »*Have a good flight.*«

So war es in Singapur. Ein Zwerg, der es zu genau nahm. Dagegen kann man nichts machen. Aber jetzt, in Sydney, bin ich in echten Schwierigkeiten. Und zwar durch meine eigene Dummheit.

»Haben Sie vor, in Australien Anabolika zu erwerben?«, die nächste Frage des Zollbeamten. Sie glauben immer noch, bei mir irgendwelche illegalen Substanzen zu finden. Da werden sie allerdings kein Glück haben. Ich denke nur an einen Namen: Apanasios Geromichalos. Dieser Name steht neben meinem Foto auf dem gefälschten griechischen Pass, der in meiner Reisetasche liegt. Ich habe ihn für Notfälle dabei, falls Franks Pass bei der Polizei gemeldet wird. Normalerweise habe ich ihn gut versteckt. Aber als ich in Sydney zur Sicherheitskontrolle gebeten werde, fällt mir ein, dass ich diese Sicherheitsvorkehrung dieses Mal vergessen habe. Beim Packen habe ich keinen Gedanken an ein Versteck verschwendet. Ich habe ihn einfach in die Tasche geschmissen.

Eine weitere Frage des Zöllners reißt mich aus den Gedanken: »Haben Sie vor, in Australien Anabolika zu konsumieren?« Immer neue Fragen: Wovon werde ich in Australien leben? Wie finanziere ich mich, wenn mein Geld aus ist? Währenddessen arbeiten sich seine Kollegen Schicht für Schicht durch meine Reisetasche.

Wie soll ich denen erklären, dass ich einen griechischen Pass mit meinem Foto, aber einem anderen Namen dabeihabe?

Mittlerweile sind die Zöllner auf meine Inlineskates gestoßen. Die sind nagelneu, dreimal lassen sie sie durch das Röntgengerät fahren, weil sie meinen, dass ich Drogen in den Rädern versteckt habe. Sogar meine Tube Haargel wird aufgeschraubt und eine Probe entnommen. Sie scheinen sicher zu sein, bei mir etwas finden zu können. Dann ist plötzlich alles vorbei. Das letzte T-Shirt ist aus dem Koffer geholt. Der eine Beamte guckt zu dem Mann, der mich befragt hat, und schüttelt den Kopf.

»Okay, Sie können weiter. Einen schönen Aufenthalt noch«, sagt der Zöllner nun. Dabei sieht er jedoch ziemlich enttäuscht aus.

Ich habe einen trockenen Mund, bin völlig am Ende, feuerrot im Gesicht. Meine Hände zittern, als ich nach meiner Tasche greife. Durch tiefes, langsames Atmen versuche ich, meinen Adrenalinspiegel zu senken. Betont langsam gehe ich weg. Immer Haltung bewahren, egal wie du eigentlich drauf bist. Deine Gegner erkennen, wenn du unsicher bist.

Nachdem ich in einem Hotel in der Nähe des Flughafens eingecheckt habe, werfe ich im Zimmer meine Tasche auf das Bett und durchwühle sie. Wo ist der verdammte griechische Pass?

Meine Klamotten fliegen aufs Bett, ich schaue in jeder Tasche nach, aber der Pass bleibt verschwunden. Vielleicht habe ich ihn irgendwo verloren, in irgendeinem Hotel?

Dann entdecke ich meine Zahnbürste, die halb unter den Boden der Tasche gerutscht ist. Da ist zur Verstärkung noch ein Plastikboden eingenäht, offenbar ist die Naht an einer Seite aufgerissen. Darunter finde ich ein paar Münzen, einen Kamm, eine Kette, die ich schon gesucht habe. Und den Pass von Herrn Apanasios Geromichalos aus Pydna-Kolindros.

Gerne würde ich behaupten, dass ich den da versteckt habe. Die Wahrheit ist aber, dass er wie die anderen Sachen rein zufällig da hineingerutscht ist. Das war enormes Glück, die schlechte Verarbeitung meiner Reisetasche hat mir am Flughafen Sydney den Arsch gerettet.

Fast hätte ich in Australien wieder mit dem Drogenhandel angefangen. Ich knüpfe recht schnell Kontakte, habe bald ein paar Jungs, mit denen ich um die Häuser ziehe. Nur die durchschlagende Geschäftsidee fehlt. Schließlich muss ich mit meinen falschen Papieren extrem vorsichtig sein. Jede Festnahme, und wenn ich auch nur in eine Kneipenschlägerei verwickelt werde, kann für mich gefährlich werden.

Dann lerne ich Steve kennen, einen Albaner, der einen beeindruckenden Amphetaminhandel aufgezogen hat. Offiziell handelt er mit Autos. Dafür importiert er in großen Mengen Motorblöcke aus Asien nach Australien. Die Motorblöcke interessieren Steve aber überhaupt nicht, die Autos, die in seiner Werkstatt stehen, sind nur Kulisse. In den Motorblöcken verstecken Steves Geschäftspartner Unmengen von Drogen. Steves Leute müssen die Blöcke in der Werkstatt nur noch aufreißen, um an die wirklich profitable Ware zu kommen. Die Einnahmen wäscht Steve dann in seinen Restaurants und mit einer Investmentfirma.

Wir gehen ein paarmal miteinander essen, dann lädt er mich zu sich nach Hause ein. Er bewohnt ein Penthouse in einem Hotel, mit dem Fahrstuhl geht es aus der Tiefgarage direkt in sein Apartment.

Er lebt auf schätzungsweise 250 Quadratmetern, alles stilvoll eingerichtet, moderne Möbel gemischt mit Kunstgegenständen der australischen Ureinwohner. Vom Fenster aus sieht man die Skyline von Melbourne.

Ohne groß zu zögern, geht Steve zum Kühlschrank, holt mehrere Tüten mit Pillen heraus – in Grün, Blau, Weiß, Pink, Lila – und wirft sie vor mich auf den Tisch.

»Steig doch mit ein. Du kennst dich damit ja aus.«

Ich denke kurz darüber nach. Ein Blick auf das Apartment von Steve reicht aus, um zu erkennen, dass er mir ein gutes Geschäft anbietet. Dann denke ich wieder an diesen Parkplatz, 14 000 Kilometer entfernt, in Duisburg vor dem »Poison«. Ich denke an die Augenringe des Junkies, als er sagte: »Ich bin stolz, für dich zu arbeiten.«

Da lehne ich ab.

Wenige Tage später verlasse ich Australien. Mein Visum ist mittlerweile abgelaufen. Außerdem hat mir ein alter Bekannter in Deutschland ein neues Reiseziel vorgeschlagen. Zur Vorbereitung muss ich aber zunächst ins Ruhrgebiet zurück.

ARUBA

Alexander kenne ich aus einem Tabledance-Club in Essen. Er arbeitet dort als DJ. Er ist mit einer Kolumbianerin zusammen, die aus einem Puff in Frankfurt kommt. Angeblich, so erzählt zumindest Alexander die Geschichte gerne, musste sie aus Kolumbien fliehen, weil sie da den falschen Typen umgebracht hat. Eine Profikillerin, die jetzt leider als Nutte arbeiten muss … Wie viel ich davon glauben soll, weiß ich bis heute nicht.

Jedenfalls hat er mir vorgeschlagen, dass wir zu dritt nach Aruba abhauen, eine der ABC-Inseln vor Venezuela. Seine Freundin hätte da beste Kontakte, da könnte ich mich ohne Papiere gut verstecken. Wenn ich mein Geld dort in ein paar Projekte investieren würde, könnten wir da alle gut leben.

Da mir die Idee gefällt, zahle ich erst einmal den Flug für Alex und seine Frau. Sie sollen eine Wohnung organisieren und sich schon mal umschauen, was sich da geschäftlich machen lässt. Außerdem sollen sie alles an der Grenze klarmachen. Dann werde ich mit 200 000 Mark nachkommen. In spätestens vier Wochen will er sich melden.

Das passiert aber nicht. Nach ein paar Monaten hake ich die Sache ab, es hat mich außer den zwei Flugtickets ja nichts gekostet. Zufällig treffe ich knapp ein halbes Jahr später in der Essener Innenstadt Frank, der mit Alexander im Tabledance-Club zusammengearbeitet hat.

»Na, Gianni, wie geht es dir?«

Mir ist das eigentlich nicht recht, denn ich werde nicht gerne auf der Straße erkannt, immerhin halte ich mich vor der Polizei versteckt.

»Hast du mit dem Alex eigentlich noch Kontakt, der damals mit der Monika nach Aruba abgehauen ist?«, nutze ich dann jedoch das Treffen, um vielleicht etwas über den Typen herauszufinden, der mich gelinkt hat. Womöglich ist der ja wieder in Deutschland.

»Nee, nichts mehr gehört. Ist nie wieder aufgetaucht.«

»Ich wollte bei dem in Aruba eigentlich mit 200 000 einsteigen, aber der hat sich nicht mehr gemeldet.«

»Ach du warst das. Dann sei mal froh, dass der sich nicht mehr gemeldet hat.«

»Wieso?«

Dann erzählt mir Frank, dass Alex kurz vor seiner Abreise im Club getönt hat, dass er auf Aruba ein großes Ding drehen wolle. Da gäbe es einen deutschen Geschäftsmann, der mit 200 000 Mark in bar durch die Weltgeschichte reise. Und den wolle er da umlegen, denn auf Aruba seien die Ermittlungsbehörden bei Mord oft recht schlampig. Danach wolle er sich ein lockeres Leben machen.

Die Geschichte warf noch mal ein anderes, noch unschöneres Licht auf Alex. Aber glücklicherweise war Alex offenbar nur ein Angeber, und selbst wenn er den Plan wirklich ernsthaft hatte, so war ihm die Sache wohl spätestens auf Aruba zu heiß geworden.

Trotzdem: Mit der Nummer wollte ich ihn auch nicht einfach so davonkommen lassen.

Dafür sollte es bald eine Möglichkeit geben.

LEHRTE

»Ende vergangenen Jahres schlossen sich sämtliche 16 Gruppen (›Chapter‹) der Bones den Hells Angels an. Damit fusionierte der einflussreichste deutsche Motorradclub mit der unumstrittenen Nummer eins in der weltweiten Rockerhierarchie. (…) Gut zwei Jahre nach Hanebuths Eintritt bei den Bones war Ruhe am zuvor auch von Albanern und Russen umkämpften Steintor. Diese Ruhe schätzt man in Hannover. Im Kommissariat Milieukriminalität bezeichnet man Hanebuth wohlwollend als ›Ordnungsfaktor‹.«

Focus, 7.2.2000, »Kopfgeld auf Hagen«

Die Idee, mit zwei Griechen eine spanische Bar zu eröffnen, ist von Anfang an zum Scheitern verurteilt. Eine Faustregel für die Gastronomie: Mach mit Griechen ein griechisches Restaurant auf. Wenn du eine spanische Bar willst, such dir um Gottes willen Spanier. Nur leider ist zu dieser Zeit Tapasessen total in, während der griechische Grillteller mit gemischtem Salat niemanden mehr hinter dem Ofen hervorlockt.

Ich kenne die Tante der beiden Griechen und sie bittet mich, ihren Neffen unter die Arme zu greifen. Bisher sind sie mit allen ihren Unternehmungen in der Gastronomie grandios gescheitert. Der nächste Versuch sollen jetzt Tapas sein, in Lehrte, einem verschlafenen Städtchen bei Hannover. Bekannteste Tochter der Stadt ist Hillu, dritte Exfrau von Gerhard Schröder. 40 000 Einwohner, kaum Kneipen, ein Kino, kein Nachtleben, kultureller Mittelpunkt ist ein Theatersaal, in dem 400 Menschen Platz finden und Wanderbühnen gastieren.

Aber immerhin: Hier lässt es sich bestens abtauchen. Nachdem aus Aruba nichts geworden ist, habe ich beschlossen, mich einige Zeit in Deutschland zu verstecken. Also steige ich in die Bar ein. Was ich zu dem Zeitpunkt nicht weiß, ist, dass meine Partner 400 000 Mark

Schulden bei der Brauerei haben, also jeden Pfennig aus dem Restaurant ziehen müssen, um ihre Schulden zu tilgen. Das Geld, das ich in das Geschäft investiere, wandert zu einem beträchtlichen Teil in die Schuldentilgung meiner Partner.

Die beiden Griechen sind nicht die Art von Geschäftspartnern, die man sich für einen Gastronomiebetrieb wünscht. Der eine, Dimitri, riecht immer nach Köter, weil er nebenher eine Schäferhundezucht betreibt. Außerdem hat er eine widerliche, feuchte Aussprache. Der andere, Nikolas, versucht, jede Frau im Dorf zu ficken. Der hat sogar seinem eigenen Cousin die Frau ausgespannt.

Weil offenbar niemand die beiden Griechen leiden kann, kommen keine Gäste und der Laden läuft nicht. Letztendlich ist mir das aber egal, denn ich habe schnell gemerkt, dass die normale Gastronomie, also ohne leichte Mädchen und Gangster, sterbenslangweilig ist. Ich befinde mich in einer Art Habachtstellung, sehe den Griechen dabei zu, wie sie die letzten Gäste vertreiben, und überlege, wie ich neu im Milieu einsteigen könnte.

Einige Monate später ergibt sich dazu die Gelegenheit. Unser Koch ist zum Ficken in Hannover gewesen, und in der Puffstraße im berüchtigten Steintorviertel haben ihn dann ein paar Nutten um 300 Mark abgezockt. Da er dagegen protestierte, wurde er dann noch von einem Zuhälter niedergeschlagen. Als er mir die Geschichte erzählt, wittere ich die Chance, mal wieder in Kontakt mit dem Rotlichtmilieu zu treten. Wenn auch auf die harte Tour.

»Wer war denn das?«, frage ich den Koch.

»So ein langhaariger Türke.«

»Ich gehe da mal hin und rede mit denen.«

Dimitri und Nikolas halten das für keine gute Idee, denn mit den Jungs vom Steintor sei nicht gut Kirschen essen. Aber ich habe gerade Bock auf ein bisschen Stress.

Ich muss auch nicht lange herumfragen, um herauszufinden, wer der langhaarige Türke ist. Denn die meisten Türken haben kurze Haare. Im Hannover Rotlichtmilieu gibt es genau einen Türken mit langen Haaren, und der nennt sich »Apache«.

Also fahre ich ins Rotlichtviertel von Hannover. Als ich ein wenig durch die Straßen schlendere, sehe ich vor einem Puff eine S-Klasse stehen, Kennzeichen »H« für Hannover und dann »A« für Apache. Das könnte passen, überlege ich gerade, da kommt er auch schon aus dem Puff heraus und setzt sich ins Auto.

Ich gebe ihm Zeichen, dass ich mit ihm reden will, aber er fährt ungerührt weiter, einfach auf mich zu, weicht dann im letzten Moment aus und fährt um mich herum. Wenn er nicht will, dann eben nicht, denke ich. Damit ist die Sache für mich eigentlich erledigt. Ich habe mein Gesicht gezeigt, zwar hat es kein Gespräch gegeben, aber das Gerede im Milieu wird sein Übriges tun, dass die Jungs Kontakt zu mir aufnehmen.

Damit soll ich recht behalten, denn eine Woche später steht Apache bei mir im Laden.

»Du erzählst überall, ich würde mich vor dir verstecken?«, sagt er mit nur schwer verborgener Wut.

Ich schaue ihn freundlich an: »So ein Quatsch. Ich wollte mit dir reden, aber du bist einfach weggefahren. Doch jetzt bist du ja da.«

Die Situation entspannt sich sofort und wir freunden uns mit der Zeit sogar an. Richtig einsteigen kann ich bei ihm allerdings nicht, schließlich muss ich mich ruhig verhalten, um bei der Polizei nicht aufzufallen. Aber immerhin bekomme ich so etwas von den spannenden Zeiten in Hannover mit, während ich mich in Lehrte verstecke.

Denn Apache befindet sich, wie alle Türken im Hannoveraner Rotlicht, zu dieser Zeit auf dem Rückzug. Eine Gruppe, die eigentlich niemand mehr so richtig auf dem Zettel hatte, wird immer mächtiger: die Deutschen. Und zwar in Gestalt einer Motorradgang, der Bones. Der Chef der Bones, Frank Hanebuth, hat eine erfolgreiche Strategie entwickelt. Er hat dafür gesorgt, dass an den Wochenenden jedes Bones-Chapter aus den umliegenden Gemeinden Leute nach Hannover entsandte. So kam er auf eine große Mannschaftsstärke, es sollen in Hannover bis zu 200 Bones durch die Straßen patrouilliert sein. Die ausländischen Gruppen, die bisher das Steintorviertel dominiert hatten, wussten, dass sie nicht so viele gute Leute aufbringen konnten.

Hinzu kam, dass die Polizei vor Ort die Bones als das geringere Übel wahrnahm. Sie gingen ihren Geschäften ruhig nach. Bevor die Bones für Ordnung sorgten, gab es viel Ärger im Hannoveraner Rotlicht: Gewalt gegen Prostituierte, Rivalitäten zwischen den Türken und den Albanern. Außerdem waren die Regeln und Gebräuche der Ausländer der Polizei fremd. Mit den Motorradfahrern konnten sie mehr anfangen,

Auch das Milieu arbeitete gern mit den Bones zusammen. Mit mehr Ruhe liefen auch die Geschäfte der Bordell-Chefs besser. Eine Tür nach der anderen fiel daher an die Bones.

Dann traf Frank Hanebuth eine der wichtigsten Entscheidungen für die deutsche Rockerszene. Denn der Ex-Boxer wusste, dass er nur dauerhafte für Ruhe sorgen konnte, wenn er keine zu starken Gegner hatte. Der ständige Kampf gegen die anderen Gruppen im Steintorviertel verdarb das Geschäft.

Hanebuth war nicht verborgen geblieben, dass sich die Rockerszene internationalisierte. Dass sich auf der Welt vor allem Hells Angels und Bandidos gegenüberstanden. Er war dann auch einer der Männer, die dafür sorgten, dass sich die Bones 1999 den Hells Angels anschlossen, und den Motorradclub damit zu der bis heute dominierenden Kraft in Norddeutschland machten. Er selbst wurde Chef des Hells Angels Charters Hannover, mit 60 Mitgliedern das wichtigste Charter in Deutschland.

So trieb er die ausländischen Banden endgültig aus dem Steintor.

Dass er das Steintorviertel befriedet hat, brachte ihm Hochachtung in ganz Hannover ein. Was der Polizei jahrelang nicht gelungen ist, haben die Hells Angels geschafft. Hanebuth gehörte damit zur besseren Gesellschaft von Hannover.

Schon ganz zu Beginn sah ich die Expansion der Hells Angels kritisch. Für mich als Christ wirkt bereits der Name abschreckend. Mir erscheinen die nicht wie eine Bruderschaft, auch nicht wie eine straff organisierte kriminelle Vereinigung. Sondern wie eine Sekte. Die ihr Heidengeld mit Merchandising-Produkten macht.

Trotzdem, in den Kampf gegen die Hells Angels einzusteigen, kommt trotz meiner Freundschaft zu Apache nicht infrage. Ich muss mich ruhig verhalten. Außerdem kämpfen die Türken auf verlorenem Posten.

Wenn ich die Polizei wäre, würde ich bei einer Hells-Angels-Versammlung eine Führerscheinkontrolle machen und ein paar Reporter dazuholen. Da würde nämlich herauskommen, dass die meisten der Easy-Rider-Typen nicht mal einen Motorradführerschein besitzen.

Kurz bevor ich aus dem Restaurant in Lehrte aussteige, das mein letztes Kapital auffrisst, kann ich schließlich noch meine Rechnung mit Alex begleichen, der mich in Aruba für 200 000 Mark umbringen wollte oder zumindest vor seinen Freunden damit geprahlt hat.

Im Restaurant gibt es einen Stammgast: Wladimir, ein Serbe. Der kommt abends gerne mal einen Cocktail trinken und mittags zum Mittagstisch. Ist ein komischer Vogel, hat wohl ein paar seltsame Sachen mit der Jugo-Mafia am Laufen. Als ich in einer ruhigen Minute einmal mit ihm plaudere, erzählt er mir, dass viele seiner Leute, mit denen er früher im Krieg gekämpft hat, mittlerweile in Südamerika sind.

»Ach, kennst du auch wen auf Aruba?«, frage ich ihn.

»Klar. Da ist ein Freund von mir, der war früher Priester, der hat jetzt eine Tauchschule auf Aruba.«

»Klein ist die Welt. Wenn ich da jemanden suche, wie schwierig ist das?«

»Einen Deutschen?«

»Genau. Heißt Alex, lange blonde Haare, eine Zahnlücke, heller Teint, sportliche Figur.«

»Kein Problem, die Insel ist nur ein paar Quadratkilometer groß.«

Also erzähle ich ihm, worum es geht. 14 Tage später kommt Wladimir wieder in den Laden und meint triumphierend: »Wir rufen jetzt meinen Freund auf Aruba an. Der sitzt in Oranienstadt im ›Manchebo-Beach-Hotel‹, da arbeitet der Alex als Kellner im Restaurant. Die Haare hat er jetzt allerdings kurz, die Zahnlücke ist aber noch da.«

Er wählt eine lange Nummer, sagt ein paar Worte auf Serbisch und reicht mir dann den Hörer weiter.

»Hallo, suchst du diese Junge aus Deutschland?«

»Genau.«

»Hol ich dir jetzt«, sagt der Mann, dann höre ich ihn rufen: »Eh, kommst du mal, hier ist Telefon für dich.«

Und dann habe ich auf einmal den Alex am Telefon.

»Hi Alex, so schnell habe ich dich, egal wo du auch bist.«

»Gianni, Mensch …«

»Ja, geile Nummer, die ihr da mit mir geplant hattet. Der Frank hat mir alles erzählt, schämen solltest du dich. Ich wünsche dir alles Gute, aber denk dran, man sieht sich immer zweimal im Leben.«

»Ja, also wegen deinem Geld …«

»Lass mal, gib mir den anderen Typen wieder.«

Dann habe ich Wladimirs Freund wieder am Telefon. Er plaudert los, will zu dem kommen, was er als seinen eigentlichen Auftrag ansieht: »So, Chef, was sollen wir machen mit diese Mann. Ich habe Vorschlag. Den hauen wir schön in die Fresse, bis der richtig blutet, ich gehe Luftmatratze kaufen für 7 Dollar im Supermarkt. Klebeband, Arschloch auf Luftmatratze, ab aufs Meer. Der ablandige Wind, in zehn Minuten haben ihn die Fische.«

»Nicht nötig«, sage ich, »lasst den mal laufen.«

Der Mann ist verblüfft, offenbar versteht er nicht, warum ich Alex nicht umbringen will.

»Gott will ihn richten, wir bringen ihn zu ihm«, meint der ehemalige Priester.

»Selig sind die Barmherzigen, denn sie werden Barmherzigkeit erlangen«, erwidere ich.

Eigentlich will ich nur, dass Alex weiß, dass seine schlechten Taten ihn einholen können. Überall auf der Welt.

Ich habe dem Wladimir dann 2000 Mark gegeben, 1000 für ihn und 1000 soll er den Jungs in Aruba per Western Union schicken. Damit ist das Thema für mich erledigt.

NUTTEN RASIEREN

Ich will nicht lange in Hamburg bleiben, bloß ein bis zwei Wochen. Eigentlich will ich nur Freunde besuchen. Aber es ist Sommer, und Hamburg zeigt mir sein schönstes Gesicht. Hafen, Reeperbahn, ich sitze mit Freunden zusammen, koche abends für alle. Zum ersten Mal seit Jahren komme ich etwas zur Ruhe.

Das schönste Gesicht, das mir Hamburg zeigt, gehört aber Fatima. Ich lerne sie auf einer Party kennen, eine Perserin mit langen schwarzen Haaren und großen Silikontitten. Genau der Typ Frau, auf den ich stehe.

Sie hat einen Beauty-Salon auf dem Kiez und ist alleinerziehend mit einem Sohn. Nach zwei Wochen ziehe ich bei ihr ein, der Gedanke, Deutschland zu verlassen, ist erst einmal ganz weit weg.

Fatima gibt mir das Gefühl, eine Familie zu haben. Deswegen verliebe ich mich in sie.

Ein folgenreicher Fehler.

Denn Fatima macht mir etwas vor, sie ist nicht die erfolgreiche Geschäftsfrau und ihre Silikontitten hat sie nicht nur, um den Mann fürs Leben zu bezirzen. Die meisten aus dem Hamburger Milieu haben eine Geschichte mit ihr.

Fatima hat eine zwölfjährige Rotlichtkarriere hinter sich. Den Beauty-Laden hat ihr ein ehemaliger Freier ermöglicht. Und da führt sie sich jetzt als etwas Besseres auf und genießt es, dass ihr die anderen Huren in den Arsch kriechen. Damit sie ihre künstlichen Nägel und Haare günstiger kriegen.

Zu ihrem zwölfjährigen Sohn kann ich absolut keinen Draht aufbauen. Er ist etwas dicklich und verbringt seine Zeit vor seiner Playstation. Ein paarmal versuche ich, ihn für etwas anderes zu begeistern, fürs Fußballspielen, später mal für Kraftsport. Aber ihn interessiert das nicht.

Rückblickend kann ich ihm das nicht krummnehmen. Schließlich hat er viele Männer an der Seite seiner Mutter gesehen und im Gegensatz zu mir weiß er wohl, dass auch die Nummer mit mir nicht ewig halten wird.

Sein Vater ist ein brasilianischer Stripper, der sich, nachdem er Fatima geschwängert hat, lieber wieder anderen Frauen gewidmet hat.

Was das Leben mit Fatima so schwierig macht: Sie will nicht, dass ich im Hamburger Rotlichtmilieu Kontakte knüpfe. Natürlich hat sie Angst, dass ich dann all ihre kleinen dreckigen Kiez-Geschichten erfahre. Also soll ich nichts Eigenes starten. Und so bin ich, was ich nie sein wollte: von einer Frau abhängig. Dabei habe ich mir geschworen, dass meine Mutter die letzte Frau war, von der ich abhängig war.

Carmen ist eine Althure aus der Herbertstraße. Sie ist schon jenseits der 50, völlig abgebrüht, wie du es eben sein musst, wenn du im Milieu zu Geld kommen willst – besonders als Frau. Und Carmen hat viel Geld, weil sie es geschafft hat, einige Stammfreier an sich zu binden. Sie hat einen Arzt, der ihr fast jeden Tag 1000 Mark gibt, ein anderer Freier hat ihr teuren Schmuck geschenkt, Ringe, Ohrringe, eine Rolex, alles zusammen im Wert von gut 360 000 Mark. Carmen fährt auch einen neues Mercedes SLK, den sich ein Lkw-Fahrer vom Mund abgespart hat, um Carmens Gunst zu bekommen.

Aber Carmen ist unglücklich. In einer durchheulten – und durchsoffenen – Nacht gesteht sie einer jungen Kollegin, dass sie sich so sehr nach einem Mann sehnt, dem sie sich ganz hingeben kann. Die große Liebe. Carmen, die abgebrühte Althure, wird auf ihre alten Tage weich. Sie sucht ihren Traummann; etwas jünger sollte er sein, aber ein richtiger Mann, zu dem sie aufschauen kann.

In anderen Kreisen wäre das wahrscheinlich unter den beiden Frauen geblieben. Im Hamburger Milieu zerbrechen sich dagegen alle sofort den Kopf, wie sich denn so eine Schwäche zum eigenen Vorteil ausnutzen lässt. Die jüngere Nutte erzählt es jedenfalls ihrem Zuhälter und der bestellt ein paar Kumpels zum Kriegsrat ein.

Wenn Carmen einen Lover will, dann soll sie ihn bekommen. Das Ziel: die Nutte zu »rasieren«, das bedeutet: beklauen.

Ist so etwas unmoralisch? Betrachten wir die Fakten: Carmen hat ihr Leben lang Männern die große Liebe vorgespielt und sich für die schöne Illusion fürstlich entlohnen lassen. Die Männer haben sich nie beschwert, sie waren danach zwar etwas ärmer, aber was ist Geld schon gegen die Liebe? Wenn Carmen jetzt die Liebe bekommt, ist es doch nur fair, dass sie dafür bezahlt, oder nicht?

So kann man es sich schönreden.

Jedenfalls wird ein Mann gesucht, der Carmen die große Liebe vorspielt, um sie um ihren Schmuck zu bringen. Jakob, ein erfahrener Kieziiner, bringt da meinen Namen ins Spiel. Er weiß, dass ich auf der Suche nach Bestätigung im Milieu bin. Und optisch und vom Auftreten her bin ich wohl das, was sich Carmen vorstellt.

Ich sage auch ohne lange zu zögern zu, als mir der Plan unterbreitet wird. Mit ein bisschen Kohle könnte ich mir endlich wieder was Eigenes aufbauen.

Nach ein paar Treffen mit Carmen merke ich jedoch, dass das nichts für mich ist. Carmen ist nun mal überhaupt nicht mein Typ. Eine eher dominante Frau, ziemlich verbraucht.

Außerdem bekomme ich ein schlechtes Gewissen. Sie hat für ihren Reichtum hart geackert, da reicht ein Blick in ihre toten Augen, um zu wissen, dass sie Sachen gesehen und gemacht hat, auf die wir alle keinen Bock haben.

Also sage ich zu ihr: »Carmen, du bist lieb und nett, aber mit uns wird das nichts.«

Und sie dreht nicht etwa durch, sie akzeptiert es. Da sie mir vor ein paar Tagen ihren Wagen geschenkt hat, will ich ihn ihr zurückgeben. Aber Carmen sagt, ich soll ihn behalten, für die schöne Zeit.

Die Zuhälter sind sauer, dass ich meinen Job aufkündige und dass noch dazu ein Auto für mich herausgesprungen ist. Sie setzen daraufhin Malik, einen Iraner aus Billstedt, auf Carmen an. Der Typ ist gerade mal 21 Jahre alt, aber Carmen schmeichelt es, dass so ein junger Typ um sie wirbt.

Das Rasieren von Carmen soll nun mit der Rückforderung meines von Carmen erhaltenen Wagens zusammenfallen – und mit einem Denkzettel für mich.

Nachdem Malik ein paar Monate »verliebt, verlobt, verheiratet« mit Carmen gespielt hat, lädt er sie auf eine kleine Ausfahrt ein. Kaum sitzen die beiden im Auto, werden sie noch auf dem Parkplatz überfallen. Ein maskierter Typ reißt die Tür auf, setzt sich auf den Rücksitz und fuchtelt mit einer Knarre herum.

»Schmuck her!«

Carmen lässt sich jedoch so einfach nichts wegnehmen. Sie schreit Zeter und Mordio, während sie ihren Schmuck ablegt, die Hälfte davon gibt sie aber gar nicht nach hinten, sondern lässt ihn in den Fußraum fallen. Der Typ kriegt es mit der Angst zu tun und haut mit nur einem kleinen Teil der Beute ab, nicht mal ihre Rolex bekommt er.

Der erste Teil des Plans ist also nicht ganz glatt gelaufen, aber der zweite Teil, nämlich mir die ganze Sache in die Schuhe zu schieben, geht noch mehr in die Hose.

Ich sitze gemütlich in einem Café an der Außenalster, als Malik hereingestürmt kommt. Natürlich mit einem Dutzend Freunden als Verstärkung, die sich alle vor mir aufbauen.

»Carmen und ich sind überfallen worden, und du bist der Einzige, der als Täter infrage kommt.«

»Wer behauptet denn so einen Quatsch?«

»Du bist gesehen worden. Jetzt zahlst du.«

»Was willst du kleiner Gigolo von mir?«

»Den SLK. Den gibst du uns als Wiedergutmachung zurück. Außerdem 15 000 Mark Schmerzensgeld. Du hast mir bei dem Überfall deine Waffe in den Mund gesteckt. Dabei ist mir ein Zahn abgebrochen.« Von der Beute ist natürlich keine Rede – wie auch, Malik weiß genau, dass ich damit nichts zu tun habe. Er will nur einen Grund haben, mich auf Schadensersatz festzumachen.

Ich schaue in seine trüben Augen und suche vergeblich nach ein bisschen aufblitzendem Verstand. Reden würde jetzt nicht viel bringen. Also greife ich zum Handy und rufe Fatima an. Die hockt zu Hause in Norderstedt.

»Schatz, bring mir meine 45er. Ich schieß hier gleich ein paar Leute weg«, sage ich, dann lege ich auf und wende mich wieder Malik zu.

»So, ich setze mich jetzt dahinten an den Tisch. Da bleibe ich. In einer halben Stunde habe ich meine Waffe, dann bin ich bereit. Ich lege den Schlüssel für den SLK vor mir auf den Tisch. Und wer ihn haben will, der soll ihn sich holen.«

Das macht Malik und seine Freunde nervös. Einer nach dem anderen kommt zu mir, redet auf mich ein, versucht zu vermitteln. Irgendwann erscheint Fatima mit meiner Waffe. Dass nun eine Waffe im Spiel ist, macht Malik und seine Freunde noch nervöser. Schließlich ziehen sie ab.

Am nächsten Tag kommt Carmen zu mir.

»Gianni, ich war gut zu dir«, sagt sie, »und du hast mir gesagt, wenn ich Hilfe brauche, bist du für mich da.«

Ich nicke.

»Ich bin traumatisiert durch den Überfall und will eine Therapie machen. Dafür brauche ich Geld, deswegen will ich den SLK verkaufen«, erklärt Carmen.

Das klingt sehr nach Blödsinn, aber ich respektiere ihre Bitte und gebe ihr den Autoschlüssel. Carmen fährt in meinem SLK weg.

Am nächsten Tag steht der Wagen wieder vor meiner Tür. Malik wollte mit dem Auto nämlich seine Schulden bei ein paar Drogen-Großhändlern bezahlen.

»Wo hast du denn das Auto her?«, wollten die von Malik wissen.

»Mit dem Auto gibt es keine Probleme. Das haben wir so einem Muskelprotz aus dem Ruhrgebiet weggenommen. Ist aus dem Milieu, der ruft keine Bullen. Gianni heißt er.«

Da die Welt aber manchmal klein ist und Gott groß, kennen die Drogenhändler meinen Namen. Ich habe in Duisburg einmal Geschäfte mit ihnen gemacht. Gute Geschäfte.

»Gianni ist ein Ehrenmann. Wir wollen nichts, das ihr im weggenommen habt. Ihr stellt den wieder zurück und seht zu, dass ihr Bargeld auftreibt.«

Die Geschichte meines Autos macht im Milieu natürlich schnell die Runde. Ich gelte fortan als ein Mann, der sich nichts wegnehmen lässt – und der die besten Verbindungen hat. Und das kann jeder sehen, schließlich fahre ich wieder mit dem SLK durch Hamburg.

Durch die Nummer bin ich plötzlich wer im Hamburger Milieu.

Zu dieser Zeit sucht Mike O. einen Mann, der die Geschäfte in seinem Edelbordell führt. Er will ein neues Gesicht, jemanden, der Probleme dezent löst. Das Jobprofil trifft genau auf mich zu. Eine Woche später habe ich den Job.

»CHÂTEAU«

»Es scheint, als müsse man sich endgültig damit abfinden, dass in Hamburg fast täglich auf offener Straße scharf geschossen wird. Am Mittwochabend knallte es in St. Georg (…). Dort lieferten sich gegen 21.45 Uhr zwei konkurrierende Türkenbanden einen westernreifen Schusswechsel auf dem Parkplatz des Prominentennachtclubs (…). Mindestens neun Schüsse feuerten die Südländer aufeinander ab. Wie durch ein Wunder wurde dabei niemand verletzt.«

Hamburger Abendblatt, 16.6.2000, »Wilder Schusswechsel in St. Georg«

Das »Château« gilt als feinster Puff in Hamburg. Hier feiern die Promis: Sänger, Musikproduzenten, Fußballspieler. Immer wieder mal erscheinen Fotos von Berühmtheiten in der Boulevardpresse, wie sie vor dem »Château« ins Taxi steigen. Das richtige Geld macht der Laden aber mit den Geschäftsreisenden und den Neureichen. Es gibt sogar Jetsetter, die extra in Hamburg einen Zwischenstopp einlegen, sich vom Flughafen zum Club chauffieren lassen, eine Nacht feiern und am nächsten Tag weiterfliegen.

Das »Château« sucht einen Mann, der in der Nachtschicht den Chef bei der Leitung des Clubs unterstützt. Der Job ist ideal für mich: Ich habe genug Zeit, die Erfahrung durch das »Titty Twister« und den Puff in den Niederlanden.

Schon nach ein paar Tagen dort ist mir klar, wie dringend hier ein Aufpasser benötigt wird. Denn im »Château« läuft alles schlecht, was in einem guten Puff nur schlecht laufen kann. Im Laden wird gedealt, und zwar nicht dezent. Die Frauen sind unordentlich, die Handys liegen auf der Bar, die Handtaschen stehen einfach so rum. Und sie legen gerne mal die Knie an die Theke, lümmeln rum, anstatt eine gute Figur für die

Gäste zu machen. Alles andere als ein Ambiente, das wohlhabende Freier im Puff schätzen. Da kann die Flasche Champagner 1000 Mark kosten, aber das macht die Atmosphäre auch nicht edler. Bei den Gästen, die nicht regelmäßig kommen, arbeiten die Mädels knallhart auf Falle.

Das läuft in allen Puffs so ab: Ein Typ will aufs Zimmer, zahlt eine Stunde. Das Mädel geht mit dem Typen hoch, sagt ihm, er soll es sich schon mal bequem machen. Dann verschwindet sie unter die Dusche. Da macht sie sich eine halbe Stunde lang frisch. Schließlich kommt sie wieder aus dem Bad, nur ein Handtuch um die Hüften gewickelt, und der Typ kriegt richtig Lust, will direkt loslegen. Aber nicht so schnell, erst muss sie noch mal kurz mit ihrer Freundin telefonieren. Der erzählt sie, was für einen super Hengst sie da als Freier hat, wie groß sein Schwanz ist und was sie jetzt gleich machen werden. Der Typ hört das natürlich alles gerne, kommt richtig auf Touren. Dabei fällt ihm gar nicht auf, wie lange die Mädels telefonieren, 15 Minuten ziehen ins Land. Ihm bleibt das Zimmer also noch genau 15 Minuten. Für den Typen würde die Zeit natürlich reichen, aber das Mädel lamentiert, dass sie doch gerne richtig Spaß hätte. Die meisten Typen sind dann so geil, dass sie das Zimmer noch eine Stunde mieten.

Die Freier, denen das zu blöd ist, kommen dann zu mir und beschweren sich. Aber was soll ich da machen? Was die Mädels auf den Zimmern treiben, da darf ich mich gar nicht einmischen.

Bei den guten Gästen, die ordentlich Kohle im Laden lassen, bieten die Damen allerdings ihren ganzen Charme auf. Sie nutzen ihn aber nicht etwa dafür, ihre Arbeit im »Château« gut zu machen, sondern um die solventen Freier aus dem Laden zu poussieren. Im Folgenden ein typisches Gespräch, das ich bei Gigi, einer der Prostituierten, mitgehört habe:

»Hör mal, Schatz, wir haben doch eine Menge Spaß zusammen. Aber du musst für das Zimmer 500 Mark zahlen, nur für einen schnellen Fick. Da habe ich immer ein schlechtes Gewissen.«

»Süße, du bist doch jeden Cent davon wert«, sagte der Typ im Anzug, der das für ein Kompliment hielt.

Gigi seufzte so laut, als wollte sie alle verhungernden Kinder auf einmal bedauern. »Ach, weißt du, von den 500 Mark kriege ich ja kaum was – das meiste streicht doch der Club ein.«

»Die sollten dir mehr geben. Du bist die schönste Frau hier.«

»Du bist so süß.« Gigi strahlte, schlang ihre Arme um seinen Hals, es fehlte nur noch, dass sie vor Glück über das Kompliment in die Hände klatschte. Dann tat sie so, als würde sie über etwas angestrengt nachdenken. Sie legte ihre Stirn in Falten, ihre großen Augen schauten an die Decke. Schließlich gab sie sich einen Ruck und schaute den Anzugtypen entschlossen an.

»Das habe ich noch nie gemacht, aber bei dir mache ich eine Ausnahme. Ich gebe dir meine Handynummer. Du bist der einzige Gast, der mich privat anrufen darf. Wenn du das nächste Mal in der Stadt bist, musst du nicht in den Club kommen, sondern ich komme in dein Hotel. Du zahlst 250 Mark die Stunde, und wenn du magst, bleibe ich die ganze Nacht.«

Das ist der Moment, in dem das Leben des Typen aus den Fugen gerät. Ich habe oft genug gesehen, wie es dann weitergeht. Gigi kommt also ins Hotel, was der Typ aber nicht bedenkt: Er zahlt wirklich für jede Stunde. Nicht nur beim Sex, auch beim ganzen Gequatsche, sogar für die Zeit, die sie im Hotelbett pennt. Aber Gigi wird's ihm richtig gut machen, und der Typ wird irgendwann glauben, dass die wirklich in ihn verliebt ist. Dass ihn das am Ende teurer kommt, weil sie natürlich immer die ganze Nacht bleibt und er nicht nur die Sex-Stunden bezahlen muss, sondern dass auch beim Gequatsche die Uhr läuft, wird er gar nicht merken.

Auch die Kellner haben sich eine Methode ausgedacht, um den Laden abzuzocken. Wenn ein Taxifahrer einen Freier ins »Château« bringt, bekommt er 50 Mark Provision. Zwei Gäste bringen 100 Mark, eine ganze Gruppe Geschäftsreisende kann also schon mal 200 Mark einbringen. Taxifahrer sind für einen Club wie das »Château« die wichtigsten »Koberer«. Woher soll der Geschäftsreisende denn auch wissen, wo er abends in der fremden Stadt hingehen soll? Und wer nur sagt: In den Puff, der soll gefälligst zu uns gebracht werden. In Hamburg gibt es ja leider die berühmte Reeperbahn, wo alle hingefahren werden wollen, die Sex suchen. Da muss der Taxifahrer die Kunden schon aufklären: »Das ist doch unter eurem Niveau. Erfolgreiche Männer feiern im ›Château‹.« Da ist es nur fair, dass die Taxifahrer auch eine Provision bekommen.

Also hat sich bisher niemand etwas dabei gedacht, dass da ordentliche Summen ausgezahlt wurden. Bis ich einmal bei einem Kellner einen Block mit Blanko-Taxiquittungen gesehen habe. Den hatte der einem Fahrer wohl für ein paar Euros abgekauft. Jetzt konnte er Taxiquittungen fälschen, für irgendeinen Gast, der angeblich gebracht wurde, und die vermeintlich anfallende Provision einstecken.

Wie lange das schon so geht und wer das noch macht, ist unklar, aber ich gehe davon aus, dass der Club mehrere Tausend Mark pro Monat verloren hat.

Was mich aber am unzufriedensten macht, ist eine Gruppe Türken, die regelmäßig kommt. Klar, aus dem Milieu, viel Zeit in der Muckibude. Der Chef heißt Cem, ist Mitte 20.

Die Jungs machen an einem Abend gerne mal Rechnungen über 2000 bis 3000 Mark, trinken einen Whiskey-Cola nach dem anderen, ficken ein Mädel oben auf dem Zimmer – nur ohne zu bezahlen. Nachdem ich mir das einige Zeit angesehen habe, spreche ich Michael, unseren Chefkellner, darauf an.

»Die Türken, die hier regelmäßig den Club auseinandernehmen, was ist los mit denen? Warum schmeißt die niemand raus?«

»Der Chef zahlt Schutzgeld an die.«

»Wenn er zahlt, warum führen die sich dann so auf?«

Michael zuckt mit den Schultern.

»Lass gut sein, Gianni. Gibt nur Ärger.«

Keiner hat den Mut, etwas gegen die Türken zu unternehmen. Mein erstes Projekt.

Ich treffe mich mit Cem tagsüber in einer Peepshow in St. Georg. Entspannte Atmosphäre, es soll ja alles diplomatisch ablaufen. Keiner soll sein Gesicht verlieren.

Wir geben uns die Hand, reden über die Dinge, die wir so machen. Cem scheint ein vernünftiger Junge zu sein. Irgendwann spreche ich mein Thema an.

»Wenn du da Schutzgeld rausholst, herzlichen Glückwunsch, geht mich nichts an«, sage ich.

Cem legt den Kopf schief. Guckt mich an wie ein Wellensittich.

»Aber worauf ich echt keinen Bock habe, ist, wenn ihr da trotzdem Ärger macht. Da verliere ich doch mein Gesicht, wenn ich nicht für Ruhe sorgen kann.«

»Klar, Mann, kann ich verstehen. Wir lassen dich arbeiten.«

»Kommt doch einfach nicht mehr ganz so oft, einmal im Monat sollte reichen. Und komm allein, bring deine Jungs nicht mit. Was du trinkst, geht dann auf mich.«

Wir geben uns die Hand. Das lief doch glatter als gedacht.

Zu glatt.

Zwei Wochen lang habe ich Ruhe. Dann sind sie wieder im Laden, die ganze Türkenbande, machen eine große Rechnung und schlagen Chefkellner Michael.

Ich trommle ein paar Jungs vom Kiez zusammen, Freunde von mir. An die verteile ich Waffen, die ich in einer Mietwohnung in der Nähe des Clubs gelagert habe. Meine Kalaschnikow nehme ich selbst. So gehe ich in den Club und werfe Cem und seine Freunde raus.

»Ich habe euch doch gesagt, dass ihr nicht mehr willkommen seid. Cem, komm allein und benimm dich gut, dann ist alles okay. Aber nicht so.«

»Wir haben mit deinem Partner gesprochen«, antwortet Cem. »Er hat uns gesagt, dass du nur ein Türöffner bist wie alle anderen auch. Du hast nichts zu sagen.«

Irgendwie klingt das, was er sagt, realistisch. Mike ist mir in den Rücken gefallen. Mike hat Schiss, so einfach ist das. Aber egal, ich darf jetzt nicht einknicken: »Ich sage dir aber, dass ihr abhauen sollt. Das habe ich zu sagen.«

Cem starrt mich an und meint: »Schwerer Fehler, du bist tot.« Dann lässt er mich stehen, geht mit seinen Jungs zu seinem Auto, greift zu seinem Handy und ruft Verstärkung. Ein paar Minuten später fahren die ersten Autos auf den Parkplatz des Edelpuffs. Das geht verdammt schnell. Jetzt wollen sie wohl den Laden auseinandernehmen. Damit habe ich natürlich gerechnet. Also greife ich, wie geplant, nach der Kalaschnikow, die neben der Tür des »Châteaus« lehnt. Ich bin gut zu sehen, stehe leicht erhöht auf der Treppe, die zum Eingang des Bordells führt. Die Scheinwerfer am Eingang leuchten mich an.

»Der hat ein Gewehr, passt auf«, höre ich einen rufen. Die Türken werfen sich hinter ihre Autos. Eigentlich will ich gar nicht schießen. Vielleicht liegt es ja am Adrenalin, das durch meinen Körper fließt. Plötzlich krümmt sich mein Zeigefinger. Ich spüre meinen Arm vibrieren, die Kalaschnikow schreit los, AK-47, das meistverkaufte Gewehr der Welt. *Alter, du darfst jetzt nicht auf die Leute zielen, die sind sonst alle tot.*

Ich ziehe das Gewehr hoch, die Kugeln schlagen gegen die Wand vom Haus gegenüber, treffen ein Werbeplakat, eine Straßenlaterne, Autos treffe ich auch. In dem Magazin habe ich 35 Schuss, ich weiß nicht, wie viele ich davon verballere. Es dauert nur ein paar Sekunden.

Dann lasse ich meinen Zeigefinger wieder locker. Es ist totenstill.

Langsam taucht ein Kopf nach dem anderen hinter den Autos auf. Die Türken laufen um ihr Leben, springen in ihre Wagen, ich höre Reifen quietschen. In Sekunden ist der ganze Parkplatz leer, auch meine Freunde, die ich zur Unterstützung dabeihatte, laufen weg. Ich aber bleibe stehen, bin wie benommen. Bis mich jemand am Arm packt. Es ist Roberto, ein Albaner.

»Gianni, Gianni, komm, komm, weg. Die Polizei.«

Ein Taxi fährt auf den Parkplatz, es ist ein Bekannter von Roberto, er zieht mich in den Wagen. Ich bekomme nicht mit, was im Auto gesprochen wird. Sie lassen mich in einem Café in einem anderen Stadtteil heraus. Dort warte ich ein paar Stunden, bis mir jemand mein Auto bringt. Dann fahre ich nach Hause.

Was mich am meisten wundert: Die ganze Zeit klingelt mein Handy nicht. Das ist doch eher untypisch. Wenn du mit einer Kalaschnikow auf einem Puffparkplatz herumballerst, kommt danach doch irgendeine Reaktion.

Abends habe ich dann genug, ich rufe Cem an und sage nur: »Wo bist du, du Fotze? Du willst mich doch töten, dann komm.«

Dann erkläre ich Fatima, dass ich ein Problem habe. Sie macht ein Riesentheater, aber nicht etwa aus Sorge um mich, sondern aus Sorge um ihren eigenen Arsch. Nachdem sie sich abgeregt hat, gehe ich erst einmal schlafen.

Am nächsten Tag beobachte ich vom Wohnzimmerfenster aus die Straße. Ich sehe einen dunklen Wagen am Haus vorbeifahren, später noch einen. Beide Autos voller Türken.

Sie patrouillieren vor meinem Haus.

Ich bleibe den Tag über im Haus, schlafe noch etwas, das Sturmgewehr lieg neben meinem Bett. Am Abend ziehe ich eine kugelsichere Weste an, die mir schon in meiner Türsteher-Zeit das Leben gerettet hat, und steige in meinen Wagen. Dann fahre ich aus Norderstedt heraus, quer durch Hamburg, zum »Château«. Ich gehe einfach in den Laden hinein, Mike ist da, in seinem Gesicht steht Panik, als er mich sieht.

»Gianni, was machst du hier?«

»Hab doch nachher Dienst.«

»Bist du bescheuert? Cem war noch mal hier. Du solltest lieber zu Hause bleiben.«

»Was hat Cem mir zu sagen?«

Mike plustert die Backen auf. Er ist bleich, ihm dauert die Diskussion schon zu lang.

»Die machen mir den Laden zu. Das hat Cem angekündigt für den Fall, dass du wieder auftauchst.«

»Gerade jetzt muss ich mich zeigen. Damit die sehen, dass ich Eier habe.«

Mike will noch etwas sagen, aber ich falle ihm ins Wort.

»Ich komme nachher wieder, mache die Nachtschicht.«

Dann gehe ich raus, warte auf keine Antwort. Mich kriegen die nicht klein.

An der nächsten Kreuzung stehen drei Polizeiwagen. Ich gehe zunächst davon aus, dass es sich um eine Routinekontrolle handelt, dabei ist die ganze Show nur für mich veranstaltet. Nachdem ich angehalten und das Fenster heruntergekurbelt habe, fragt mich ein Polizist, der ziemlich gut in Form ist: »Wie heißen Sie?«

»Jean Martin Renoir«, antworte ich und gebe ihm meinen gefälschten französischen Pass.

Der Polizist guckt sich den Pass nicht einmal an und meint nur: »Das glaube ich nicht.«

Dann ziehen mich fünf Beamte aus dem Auto.

Im Polizeiwagen denke ich darüber nach, was ich in den letzten Jahren gemacht habe. Und ich denke an all die Dinge, die ich angeblich gemacht haben soll. Jetzt habe ich wohl ein ernsthaftes Problem.

IM KNAST

Ich würde einen Polizisten nie als »Bullen« bezeichnen. Die Jungs machen ihren Job, die einen besser, die anderen schlechter. Sie setzen Gesetze durch. Wenn ich mit ihnen zu tun habe, ist es nie etwas Persönliches zwischen dem Beamten und mir. Es ist nur ein berufliches Zusammentreffen. Und wer im Milieu arbeitet, weiß, dass er früher oder später mit der Polizei zu tun haben wird.

Als sie mich ins Gefängnis fahren, bin ich nett, freundlich und plaudere über Belanglosigkeiten.

Ich komme in eine sogenannte Lichtzelle. Was eigentlich ganz schön klingt, bedeutet, dass das elektrische Licht rund um die Uhr an bleibt. Ein Fenster gibt es nicht. Ich lege mich auf die Pritsche. Schon nach kurzer Zeit verliere ich jedes Zeitgefühl. Liege ich jetzt schon eine Stunde hier? Oder zwei? Dann geht die Tür auf, zwei Beamte holen mich ab zum ersten Verhör. Das Verhörzimmer hat den Charme eines osteuropäischen Behördenzimmers. Vor mich setzt sich ein im Dienst ergrauter Beamter mit Halbglatze.

»Wir haben den Hinweis bekommen, dass Sie in illegale Geschäfte verwickelt sind. Als Erstes würde ich gerne Ihre Identität klären. Sie haben uns einen falschen Pass gezeigt. Wie heißen Sie denn wirklich?«

Ich beharre darauf, Franzose zu sein. Natürlich würde ein Französisch-Dolmetscher reichen, um mich sofort zu enttarnen. Ich spreche zwar etwas Französisch, aber bei Weitem nicht gut genug, um als Franzose durchzugehen. Trotzdem will ich die Sache so lange durchziehen wie irgendwie möglich. Wenn sie meinen Namen nicht haben, können sie mich nicht für die Sachen aus dem Ruhrgebiet anklagen.

Nach dem Verhör lege ich mich wieder auf die Pritsche. Ich schließe die Augen. Ich kann nicht schlafen, das Licht flimmert durch meine Augenlider. Irgendwann nicke ich doch weg.

Bei meinem zweiten Verhör werde ich wieder als Erstes nach meinem Namen gefragt. Ich schweige, starre am rechten Ohr des Beamten vorbei ins Leere.

»Wir haben mit Ihrer Freundin gesprochen«, sagt der Polizist.

Sie hat bestimmt nichts gesagt, denn sie spricht nicht mit Polizisten. Außer sie sind Freier. Der Polizist merkt, dass er mich so nicht aus der Reserve locken kann. Er lehnt sich zurück, verschränkt die Hände in seinem Nacken.

»Wir haben Ihre Wohnung in St. Georg durchsucht. Sie sammeln Waffen?«

Das ging schnell. Von der Wohnung weiß nur mein Partner. Mike will mich also richtig reinhängen. Ich zucke nur mit den Schultern. Gut, ein paar Waffen, Verstoß gegen das Waffengesetz, dafür fahre ich nicht lange ein. Wenn überhaupt.

»Fangen wir doch mit etwas Einfachem an. Sagen Sie uns Ihren Namen. Und woher Sie kommen«, setzt der Polizist noch einmal an.

Ich spitze die Lippen, beginne zu pfeifen. Die »Marseillaise«, die französische Nationalhymne.

»*Aux armes, citoyens! Formez vos bataillons! Marchons, marchons!*«

Der Polizist schüttelt nur den Kopf und lässt mich zurück in die Zelle bringen.

Ich gehe in der Zelle auf und ab. Wie ein gefangenes Tier.

Bei jedem Verhör hat die Polizei etwas mehr über mich herausgefunden. Beim nächsten Mal erfahre ich, dass sie den Koffer mit meinen gefälschten Dokumenten gefunden haben. Falscher Personalausweis, falscher Pass, falscher Führerschein, alle mit unterschiedlichen Namen. Im Pass sind ein paar Stempel, Osteuropa, aus meiner Drogenhandel-Zeit. Die Polizei will wissen, was ich in den Ländern gemacht habe.

Die Verhöre werden länger, die Fragen komplexer. Sie locken, sie drohen. Aber ich sage nichts.

Nach drei Tagen werde ich ins Untersuchungsgefängnis Holstenglacis verlegt. Ich bekomme eine Einzelzelle. Es ist die letzte Zelle ohne Strom. Das heißt: keine Möglichkeit, einen Fernseher oder ein Radio in der Zelle zu betreiben. Ich bin selbst schuld. Ich wollte in jedem Fall in eine Einzelzelle und habe deutlich gemacht, dass es für alle Beteiligten am besten wäre. Mich widert der Gedanke an, mit irgendeinem Kriminellen das Zimmer teilen zu müssen. Als Erstes reiße ich den Klodeckel von der Schüssel. Dann lege ich mich auf die Pritsche. Ich beginne mit einem Kugelschreiber an die Wand zu kritzeln. Ich male zerfließende Uhren wie Salvador Dalí.

Das Schlimmste in den Monaten in U-Haft war die Langeweile. Mit den anderen Gefangenen kann man durch die Wasserrohre kommunizieren. Man muss den Überlauf abschrauben, dann kann man sich mit dem Typen in der Zelle nebenan unterhalten.

Ich weiß jetzt, wer mich verpfiffen hat. Es war tatsächlich Mike, der wohl so viel Angst vor den Türken hatte, dass er lieber seinen Partner in den Knast brachte, anstatt Rückgrat zu zeigen. Ich lese die Aussage meiner Freundin, die bei der Polizei sogar noch gegen mich ausgesagt hat.

Ein halbes Jahr bleibe ich in Untersuchungshaft. Ich vermale in dieser Zeit 20 Kugelschreiber. »Na, da werden wir neu streichen müssen, wenn Sie in Santa Fu sind«, sagt ein Schließer, er behandelt mich aber korrekt.

Bei meinem nächsten Verhör ist die Stimmung der Polizisten gelöst.

»Herr Sander, endlich wissen wir, wer Sie sind.« Der graue Beamte triumphiert.

Zum Verhängnis ist mir, wie ich später erfahre, ein vorläufiger Pass aus Essen geworden. Einer der letzten meiner echten Ausweispapiere. Das Foto ist das gleiche, das ich in dem französischen Pass benutzt habe. Das war die Verbindung zwischen Jan Sander und Jean Martin Renoir.

»Dann hätte ich jetzt gerne einen Anwalt«, sage ich.

Mein Strafverteidiger ist gut. Den Rest erledigen die Gesetze des Milieus. Niemand sagt vor Gericht gegen mich aus. Sogar Mike, der bei der Polizei noch geredet hat wie ein Wasserfall, verweigert vor Gericht die Aussage. Vor Gericht wird niemand belastet. Selbst Mike hat wohl ein bisschen Ehre im Leib. Auch die anderen Zeugen aus dem »Château« können sich an nichts mehr erinnern.

Der angebliche Doppelmord in der Ukraine wird gar nicht weiter untersucht – die Osteuropäer können nichts beibringen, was auch nur für einen Anfangsverdacht reichen würde. Bei den Sachen in Deutschland hat sich die Polizei zwar redlich bemüht, Beweise heranzutragen – aber erfolglos. Wie auch: Ich habe mit dem Mordversuch an dem Türsteher ja nichts zu tun.

Was bleibt, sind ein paar Waffen und gefälschte Dokumente. Also bekomme ich eine Bewährungsstrafe: drei Jahre und sechs Monate. Als freier Mann marschiere ich aus dem Gerichtssaal.

Ich weiß selbst, dass ich da Glück gehabt habe. Die Hamburger Justiz hat mich korrekt behandelt. Aber das Rotlichtmilieu der Hansestadt hat mich zutiefst verletzt. Mein eigener Partner hat mich bei der Polizei verraten, als es ernst wurde. Und meine Freundin hat sich, als es ernst wurde, gegen mich gestellt.

Ich bin enttäuscht und gekränkt. Also fahre ich zum Flughafen, um mein Glück weit weg zu versuchen.

ARGENTINIEN

Michael sieht aus wie Humphrey Bogart. Er ist 57 Jahre alt, Argentinier und tingelt durch Australien und Neuseeland. Michael hat sich eine 19-jährige Studentin aus Deutschland, aus Kassel, angelacht. Kerstin hat wohl einen Vaterkomplex, deswegen ist sie Michael verfallen. Sie war für *work and travel* nach Down Under gekommen, und das bot ihr Michael auch, jedoch vielleicht etwas anders, als sich ihre Eltern das vorgestellt hätten. Michael schickte Kerstin in eine Tabledance-Bar nach der anderen, um die gemeinsame Reisekasse aufzufüllen.

Während sich Kerstin an der Stange rekelt, ein Kleidungsstück nach dem anderen von ihrem Körper zupft, sitzt Michael an der Bar und erzählt Geschichten. Er ist ein begnadeter Geschichtenerzähler und er hat Charme.

Die Geschichte, die er mir bei einem Foster's-Bier in Melbourne auftischt, ist die: Er war wegen seiner Frau nach Australien gegangen, in Argentinien stammt er aus einer wohlhabenden Familie mit besten Kontakten. Sein Geschäftssinn machte ihn dann auch in Australien reich: Er baute ein gut gehendes Möbelhaus auf, das heute noch große Umsätze macht. Aber dann verliebte sich seine Frau in einen anderen Mann, ließ sich scheiden. Michael war davon so überrumpelt, dass er sich keinen ordentlichen Scheidungsanwalt nahm und fast all sein Geld an seine untreue Exfrau verlor. Seither ist er gezwungen, durch die Tabledance-Bars zu tingeln.

»Mich hält hier nichts mehr, ich gehe zurück nach Argentinien«, sagt Michael zu mir und setzt seine Bierflasche an den Mund.

»Ist vielleicht nicht die beste Zeit. Da ist gerade alles zusammengebrochen«, antworte ich.

In Argentinien tobt die Wirtschaftskrise, das Land ist bankrott.

»Das ist ja gerade meine Chance«, meint Michael. »Die etablierten Strukturen sind kaputt, ideale Zeiten für Männer wie uns. Jetzt musst du da investieren.«

Die Idee klingt wirklich gut. Michael will ein Security-Unternehmen aufbauen, das die Reichen vor aus den Unruhen resultierenden

Gefahren schützt. Er will die nötigen Lizenzen besorgen, was zwar unglaublich schwierig, aber durch seine Kontakte machbar sein wird. Und ich könnte der starke Mann sein, der sich um den Rest kümmert.

Ich zahle für uns alle die Flüge nach Buenos Aires, wo wir in einem guten Hotel unterkommen. Mit harten Dollars bist du in Argentinien ein König. Die Hotelbar wird zu unserem Hauptquartier. Das Gebäude ist im spanischen Kolonialstil gebaut, helle Wände, Rattansessel, Deckenventilatoren wälzen die schwüle Luft um. Draußen, vor dem Hotel, bemerkt man Spuren des Zusammenbruchs: geschlossene Geschäfte, Tagelöhner, die an den Ecken herumstehen. Vor dem Hotel halten fünf mit Maschinenpistolen bewaffnete Bodyguards Wache. Drinnen herrscht Luxus pur: Die Bar hat Hunderte Flaschen Alkohol im Angebot, aus Südamerika, der Karibik, den USA. Dicke alte Männer sitzen mit jungen Frauen im Restaurant und machen sich über die Hummerplatten her. Überhaupt die Frauen: Sie scheinen zwischen den Tischen hin und her zu schweben, alle sind schlank, gebräunt, jede hat ein Lächeln für dich übrig …

In der Bar ist nichts von der Krise zu spüren. Seit mehreren Jahren trudelt Argentinien auf den Staatsbankrott zu. Weil der Peso fest an den US-Dollar gekoppelt ist, hat das Land seine Konkurrenzfähigkeit mit anderen südamerikanischen Staaten verloren. Hohe Arbeitslosigkeit, steigende Kriminalität und gewalttätige Demonstrationen der hungernden Bevölkerung sind die Folge. In der Hotelbar scheinen aber alle wie gewohnt ihren Geschäften nachzugehen. An den Tischen wird verhandelt, Männer in Militäruniformen sprechen mit Anzugträgern, dezent werden Dollarscheine über den Tisch geschoben.

Auch Michael bringt immer wieder Leute mit in die Bar, mit denen er lange redet, mir bleibt dann nur, die Rechnung zu begleichen. Zunächst denke ich mir nichts dabei, denn jedes Geschäft erfordert am Anfang Investitionen.

Als Michael mir versichert, dass wir die Lizenz nun hundertprozentig in der Tasche haben, ordere ich in Deutschland für 40 000 Euro einen BMW. Er soll uns als Limousine dienen, mit der wir die VIPs durch die Stadt kutschieren.

Die Wochen vergehen, ich habe mich langsam sattgesehen an dem Land, an seinen schönen Frauen, an Michael, der mit wichtigem Gesicht immer neue Argentinier in die Hotelbar einlädt, während sich Kerstin am Pool sonnt. Also stelle ich Michael zur Rede: »Wann können wir endlich mit unserem Geschäft starten?«

Michael nimmt einen Schluck aus dem Whiskeyglas. Seit wir in Argentinien angekommen sind, ist er die meiste Zeit betrunken.

»Weißt du, Gianni, das verzögert sich alles. Wir brauchen noch ein paar Fürsprecher, ein bisschen extra Geld würde das natürlich alles beschleunigen«, meint er dann und zieht an seiner filterlosen Zigarette. Der Qualm wabert durch seine Zähne in Richtung der Deckenventilatoren.

»Wie viel Geld denn noch?«, erwidere ich unwirsch.

»Das Problem ist, dass das Kontingent der Lizenzen fürs Sicherheitsgewerbe in der Stadt eigentlich erschöpft ist, da waren wir einfach nicht schnell genug.«

»Wie viel, Michael. Wie viele Dollars brauchst du noch?«

Plötzlich spielt die Band, die bisher nur einen überhörbaren Klangteppich für die Bar geliefert hatte, Tanzmusik. Ein paar der Frauen in der Bar jubeln, die ersten Paare gehen in Richtung Tanzfläche. Kerstin kommt, schlingt von hinten die Arme um Michaels Hals und zieht ihn dann von seinem Barhocker.

»Sorry, Gianni, lass uns morgen reden, die Lady will tanzen.«

Sie tanzen eng, er hat seine Hand auf ihrem Hintern. Bei einer Drehung schaut er zu mir herüber, er scheint mich zu taxieren, dann lächelt er. Das falsche Lächeln ist das Letzte, was ich von Michael zu sehen bekomme.

Am nächsten Tag erscheinen die beiden nicht in der Bar. Die Rezeption teilt mir mit, dass sie abgereist sind. Eigentlich bin ich nicht sehr überrascht. Ich kenne ja das falsche Lächeln eines Betrügers, der merkt, dass die Situation eng für ihn wird und er besser das Weite suchen sollte. Ich muss eine ordentliche Hotelrechnung begleichen, außerdem haben die beiden 60 000 Dollar in bar mitgenommen, die Michael gleich nach der Ankunft von mir bekommen hatte, angeblich, um Beamte zu bestechen. Außerdem steht am Hafen ein BMW, für den ich jetzt keine Verwendung mehr habe.

Ein paar der Argentinier, die bei uns im Hotel herumhängen, erzählen mir dann Michaels wahre Lebensgeschichte: Er hat nie ein Möbelhaus besessen – sondern nur in einem gearbeitet. Seine Frau hat sich zwar tatsächlich von ihm scheiden lassen, aber wegen seiner ständigen Fremdgeherei, und sie hat durch die Scheidung auch kein Geld gekriegt, weil Michael immer schon chronisch pleite war. Argentinien hatte er ursprünglich verlassen, weil er wild in der Gegend herumgevögelt hatte, und das wohl auch mit den Frauen von Polizisten und Generälen. Er ist daher sicherlich der Letzte, der in Argentinien eine Lizenz für irgendetwas bekommen würde.

EIN NEUER KNAST

Meine Oma ist schockiert, als die Polizei am frühen Morgen vor ihrer Tür steht. Fünf Beamte drängen die alte Dame beiseite, gehen direkt zum Zimmer meines verstorbenen Großvaters, wo ich schlafe. Nach dem Argentinien-Reinfall bin ich bei meiner Familie in Nordrhein-Westfalen untergekommen, um etwas Kraft zu sammeln.

Die Polizisten reißen die Tür auf, zielen mit ihren Waffen auf mich. Gut, bei Bürgern, die wegen illegalem Waffenbesitz vorbestraft sind, verhalten sich die Beamten gerne mal übervorsichtig. Ich bin noch etwas schlaftrunken und bekomme nur halb mit, was sie von mir wollen. Jedenfalls geben sie mir nicht mal die Zeit, mir ordentliche Klamotten anzuziehen, in Trainingshose und T-Shirt laden sie mich in den Polizeiwagen.

Erst da realisiere ich, was mir vorgeworfen wird: Verstoß gegen die Bewährungsauflagen. Ich soll nicht ordentlich angegeben haben, dass ich nicht mehr in Norderstedt bei Fatima wohne. Ich halte den Vorwurf für einen schlechten Scherz, immerhin habe ich mich immer wieder bei meinem Bewährungshelfer gemeldet und meine Reisen ordentlich angekündigt. Auch dass ich natürlich nicht mehr bei Fatima lebe, habe ich mitgeteilt.

Aber die Polizei hat tatsächlich einen Haftbefehl, ausgestellt vom Amtsgericht Norderstedt, und daher werde ich in Untersuchungshaft nach Kiel gebracht. Da Norderstedt meine letzte Meldeadresse ist, falle ich nicht in die Zuständigkeit von Hamburg, sondern von Schleswig-Holstein.

Immerhin, der Knast da ist etwas besser ausgestattet. Ich richte mich auf einen kurzen Aufenthalt ein, gebe der Sache nicht lange, eine Lappalie, ein Missverständnis. Aber es sind gerade Sommerferien, die Klärung zieht sich hin. Am Ende sitze ich sechs Wochen in Untersuchungshaft.

Den morgendlichen Besuch habe ich übrigens meiner Mutter zu verdanken. Bei der hat die Polizei nämlich zuerst geklingelt, und sie hat bereitwillig erzählt, dass ich bei meiner Großmutter schlafe – und es nicht für nötig gehalten, mich vorzuwarnen. Als ich schon im Knast sitze, klingelt dann noch so ein Typ aus dem Milieu bei meiner Mutter, der von meinem Ärger Wind bekommen hat, und tischt ihr diese Geschichte auf: »Der Gianni schickt mich. Ich soll sein Auto holen und für ihn verkaufen. Wissen Sie, der braucht die Kohle jetzt für einen guten Anwalt. Außerdem wird der nun für ein paar Jahre einfahren, so lange kann er das Auto schlecht rumstehen lassen, bedenken Sie den Wertverlust.«

Zack, das genügt, meine Mutter glaubt das und weg ist die Karre. Geld habe ich natürlich nie gesehen.

Nach endlos scheinenden Wochen lassen sie mich dann endlich wieder heraus. Meine Anstaltskleidung muss ich abgeben, dafür kriege ich meine Schlafklamotten wieder, mit denen ich eingefahren bin.

Vielleicht wäre ich nie wieder zurück nach Hamburg gegangen, wäre ich nicht in den Knast nach Kiel gekommen. Der Stadt – und mir – wäre damit einiges erspart geblieben.

Aber so stehe ich am Bahnhof von Kiel, sehe aus wie der letzte Vollidiot in T-Shirt und Jogginghose und warte auf den nächsten Regionalexpress. Ich habe kaum Geld in der Tasche. Aber Geld in Hamburg zu verdienen, ist einfach.

SAUNACLUB
»TROPICANA«

DER DRECK VON ST. PAULI

»Fünf verschämte junge Männer mussten gestern als Zeugen im Prozess gegen Liebesmädchen Birgit S. (24) vor dem Amtsgericht Mitte aussagen. Die rassige Schwarzhaarige vom ›Laufhaus‹ (Reeperbahn) war angeklagt, mit den EC-Karten ihrer Freier deren Konten geplündert zu haben. Die Geheimnummer hatten ihr die Herren selbst verraten.«

BILD, 13.10.2001, »Am raffiniertesten war ihre PIN-Nummer«

Die Nutten kreischen »Protest, Protest«, dann rennen die Zuhälter auf die Straße, wie wilde Stiere, und prügeln alles weg. Dieses Mal trifft es drei polnische Touristen, die sich mit unseren Mädchen angelegt haben. Ich schlage zu, einer nach dem anderen fällt, ich spüre die Schmerzen an der Faust nicht mehr. Seit zwei Monaten bin ich Straßenzuhälter, dieses Mal werde ich zum ersten Mal wegen Körperverletzung festgenommen und verbringe die Nacht auf der Davidwache.

Fast jeden Abend gibt es Protest. Meist begründet. Die Mädels auf St. Pauli arbeiten alle auf Falle, das heißt, sie ziehen den Freiern das Geld aus der Tasche, ohne dass es dafür eine ordentliche Gegenleistung gibt.

Auf der Straße wird den Freiern der Sex für 30 Euro angeboten. In der Steige wird dann aber nachverhandelt. Für 30 Euro ziehen sich die Nutten nicht mal aus, da gibt es nur ein bisschen Gefummel, für Sex muss deutlich mehr auf den Tisch gelegt werden.

Die Protestschreierei der Huren ist aber auch ein Ego-Ding. Sie wollen sehen, wie ihre Männer sich prügeln. Die Männer geben an, wenn sie eine besonders geile Frau auf der Straße haben. Und die Frauen geben an, wenn ein besonders starker Mann für ihren Schutz zuständig ist.

Der Kiez ist kaputt. Die Reeperbahn bietet Hunderte Möglichkeiten, richtig abgezockt zu werden.

Die Reeperbahn ist 930 Meter lang. An ihren beiden Seiten ist meine Wirkungsstätte, das Hamburger Rotlichtmilieu, der Stadtteil St. Pauli, der Kiez. Kurz vor Mitternacht beginnt der Hochbetrieb an den Wochenenden. Dann fahren hier fast nur noch Taxis, Zuhälterkarren und hier und da mal eine Stretch-Limo, die Angeber zu einer Party bringt.

Längst gibt es auf dem Kiez mehr Diskotheken als Stripclubs, mehr günstige Saufkneipen als Bordelle, mehr Theater als Sex-Shows. Das Rotlicht flackert nur noch an ein paar Stellen auf.

Auf der einen Seite, in Richtung Hafen, ist der Straßenstrich. Die Prostituierten warten am Hans-Albers-Platz und in der Davidstraße auf Freier. Ab 20 Uhr stehen die Frauen hier, in einer langen Reihe, insgesamt schaffen etwa 400 Huren in diesem Bereich an. Die Regeln sind hart: Jede Frau hat einen nur wenige Meter breiten Bereich, in dem sie potenzielle Freier ansprechen darf. Danach kommt das Revier der Kollegin. Ein Mann wird also von der ersten Prostituierten angesprochen, sie darf vier Schritte mit ihm mitgehen, dann ist die nächste Hure dran. Die Mädels achten ziemlich genau darauf, dass die Konkurrentinnen diese Regel einhalten. Wenn es zu einem ernsthaften Konflikt kommt, müssen die Zuhälter miteinander diskutieren.

Darüber, welcher Platz in der langen Reihe der beste ist, hat sich wohl schon jeder Zuhälter den Kopf zerbrochen. Stelle ich mein Mädel ganz an den Anfang, damit sie den anderen Frauen den Typen wegschnappt? Oder lieber in die Mitte, weil sich die Freier gerne erst ein paar Frauen anschauen, um zu vergleichen, bevor sie mitgehen?

Nur Frauen mit einer großen Klappe können auf dem Straßenstrich bestehen, sie müssen die Freier aktiv ansprechen und auf jede Antwort einen passenden Spruch parat haben.

Nutte: »Komm doch mal mit!«

Freier: »Nee, keine Lust.«

Nutte: »Die mach ich dir schon, ist ja mein Job.«

Freier: »Ich bin verheiratet …«

Nutte: »Na und? Weißt du, was deine Frau gerade macht?«

Freier: »Ich hab kein Geld dabei.«

Nutte: »Da hinten ist ein Automat, ich begleite dich.«

Wenn er dann immer noch nicht weit genug gekommen ist, um im Revier der nächsten Nutte zu sein, die das Spiel noch einmal mit ihm spielt, ruhig mal am Arm packen, vielleicht geht er ja dann mit.

Auf das Aussehen kommt es auf dem Straßenstrich dafür weniger an. Kaum ein Mann nimmt sich die Zeit, genau hinzuschauen, auf offener Straße ist das auch zu peinlich. Bei kaltem Wetter sind die Frauen sowieso zu dicht eingepackt, da lässt sich die Figur kaum beurteilen.

Parallel zur Reeperbahn verläuft die berühmte Herbertstraße. Die Straße ist schmal, auf beiden Seiten stehen nur Bordelle, in deren Schaufenster Frauen sitzen. Die Herbertstraße ist abgetrennt durch einen Sichtschutz, Eintritt für »solide« Frauen und Minderjährige verboten. Verboten im Sinne von: nach den Regeln des Milieus verboten. Laut Gesetz ist die Herbertstraße nämlich eine öffentliche Straße wie jede andere auch, durch die jeder gehen darf, egal ob Mann oder Frau. Aber die Zuhälter und die Prostituierten mögen es nicht, wenn sie von Leuten betreten wird, die nicht als Freier infrage kommen. Zum einen haben die Nutten keinen Bock, sich von soliden Frauen begaffen zu lassen. Solche Frauen halten sich für etwas Besseres, Nutten sind für sie Abschaum, und Nutten hassen solide Frauen, weil sie sich zu fein sind, die Beine breit zu machen. So ist das nun mal.

Dass man in der Herbertstraße nach dem Puffgang nicht zufällig der eigenen Frau begegnen kann, sorgt für das bisschen zusätzliche Diskretion, das Freier schätzen. Es nervt schon genug, dass die doppelstöckigen Straßenrundfahrt-Busse vor dem Sichtschutz halten und warten, bis ein Freier aus einer Tür kommt, damit alle Touristen über ihn lachen können.

In die Schaufenster der Herbertstraße setzen die Zuhälter meist ihre schönsten Frauen. Der Arbeitsplatz ist deutlich angenehmer für die Frauen als der Straßenstrich, er ist warm und trocken. So können sie ihre Reize gut präsentieren. Ein stetiger Strom Männer fließt an den Schaufenstern vorbei, die Frauen können erst lächeln und zwinkern, und wenn einer stehen bleibt, machen sie das Fenster auf und reden in Ruhe über den Preis.

Weil die Plätze so beliebt sind, ist es für Zuhälter am schwierigsten, hier Frauen unterzubringen. Man muss lange verhandeln und viel Geld investieren, um einen festen Platz zu bekommen. Und eine Chance hat sowieso nur, wer sich mit den »Hamburger Jungs« gut stellt. So heißt die Gruppe, die Straßenstrich und Herbertstraße kontrolliert.

Auf der anderen Seite der Reeperbahn befindet sich das große Laufhaus, das Eros-Center, es ist fest in der Hand der Hells Angels. Das Gebäude wurde 1967 auf Wunsch des Hamburger Senats errichtet, damit die Nutten nicht mehr auf der Straße stehen. 80 Frauen erwarten die Freier hier auf vier Etagen vor den offenen Türen ihrer Zimmer. Die Freier laufen die Flure entlang, bis sie eine Frau sehen, die ihnen gefällt. Zu der gehen sie dann rein. In jedem Zimmer steht ein Bett und für den Sex wird direkt an die Nutte gezahlt. Die Nutte gibt von ihrem Verdienst einen fixen Betrag als Zimmermiete ab. Aus Zuhältersicht ein guter Kompromiss zwischen Bordell und Straßenstrich. Allerdings ist das Nachverhandeln für die Frauen hier deutlich schwieriger. Denn wenn ein Typ eine Frau vom Straßenstrich mit in die nächste Steige genommen hat, gibt es eigentlich kein Zurück mehr. Er hat dann schon für das Zimmer gelöhnt, ist ein paar Hundert Meter mit dem Mädel über den Kiez gegangen. Wenn sie dann plötzlich den doppelten Preis für den Sex verlangt, lassen sich die meisten darauf ein. Im Laufhaus klappt das dagegen nicht so gut, weil im Zimmer nebenan schon die nächste Frau wartet.

Es gibt aber auch noch ein paar klassische Bordelle auf dem Kiez, mit gemütlicher Bar, in der man erst gemeinsam etwas trinkt, bevor man auf das Zimmer geht. Sie werden aber immer weniger. Wer käufliche Liebe mit Stil will, sucht die nicht auf der Reeperbahn.

Eher Konjunktur haben da die Abzocker-Bars. Vor der Tür steht immer ein Koberer, der wie ein Marktschreier die Kundschaft anlockt. Freier Eintritt, das Bier für ein paar Euro, dazu gibt es Tabledance. Das hört sich wirklich nach einem guten Angebot an. Wenn der Tourist erst einmal drinnen ist, hat er schon verloren. Kaum sitzt er, gesellt sich schon ein Mädel zu dem Armen. Dann wird geflirtet, schöne Augen gemacht, schließlich die Bitte: »Gibst du mir ein Getränk aus?« Wer sagt da schon Nein, vor allem, wenn das Bier gerade mal 5 Euro kostet? Nur gibt es auf der Karte zwischen den Getränken mit normalen Preisen mindestens eines, das reiner Wucher ist. Ein Glas Orangensaft für 50 Euro beispielsweise. Und genau das bestellt die Nutte dann natürlich. Mittlerweile müssen die Preise in lesbarer Größe auf den Karten stehen, die Masche funktioniert aber trotzdem noch. Wer am Ende des Abends nicht zahlen will, bekommt erst Ärger mit dem Türsteher, dann mit der Polizei.

Dann gibt es noch die Glücksstraße mit dem Transenstrich, direkt neben einer Hundewiese, auf der die Zuhälter ihre Kampfhunde kacken lassen. Keine Ahnung, wer da das Sagen hat. Es interessiert mich auch nicht besonders.

Wer in Hamburg an Rotlicht denkt, dem fallen als Erstes der Kiez und die Reeperbahn ein. Aber natürlich gibt es auch jenseits der Reeperbahn käuflichen Sex. Über die ganze Stadt verteilt finden sich beispielsweise Modellwohnungen, also Wohnungen, die in ganz normalen Wohnhäusern gemietet sind. An der Türklingel steht dann nur »Tina« oder »Jessica«. Und die Freier finden den Weg über Anzeigen in der *Hamburger Morgenpost* oder über Internetportale. Die Frauen, die einen dann in der Wohnung erwarten, haben meist nicht viel mit den beworbenen Models gemeinsam. Preislich richtet sich die Dienstleistung nach der Wohnlage. Die Modellwohnungen in der Innenstadt sind auf die Geschäftsleute spezialisiert, die in der Mittagspause eine schnelle Nummer schieben wollen. Die Prostituierten haben hier auch immer ein Bügeleisen parat, falls das Hemd nach dem Sex zerknittert ist, damit der Manager einwandfrei beim Fünf-Uhr-Meeting erscheint. Die Albaner haben den Trend mit den günstigen Modellwohnungen früh erkannt und sind hier die dominierende Gruppe.

Auf dem Straßenstrich Süderstraße arbeiten etwa 80 Frauen. Die Kundschaft sind traditionell Trucker, die ihre Ladung im Hamburger Hafen abholen, die schnelle Nummer an der Süderstraße liegt dann auf dem Weg. Auch hier haben Hells Angels und Albaner den größten Einfluss.

Protest im Eros-Laufhaus. In der zweiten Etage hat ein Freier das Tischchen neben dem Bett der Nutte umgetreten. Jetzt steht er auf dem Flur, die Tür steht offen, keine Nutte zu sehen. Aber der Freier schimpft. Zwei Freunde von ihm kommen den Gang entlang, er hat sie angerufen, nun versuchen sie, ihn zu beruhigen. Sie sind besoffen, scheinen sich allerdings nicht so richtig entscheiden zu können, ob sie die Situation nun lustig finden oder ihren Kumpel bedauern sollen.

»Die hat meine EC-Karte. Ich hab der meine EC-Karte gegeben«, brüllt der Freier.

»Kann sie ja nichts mit machen. Ohne Geheimzahl«, sagt sein Freund, der sich am Barhocker vor der Tür abstützt.

»Die hab ich ihr aufgeschrieben!«

Die Jungs gucken betreten zu Boden.

»Ich hatte nur 100 auf Tasche. Sie hat mir gesagt, für einen Hunderter extra würde auch noch ihre Freundin dazukommen. Sie könnte das eigentlich einfach von meiner Karte abbuchen, aber leider wäre ihr portables Lesegerät kaputt, deswegen sollte ich ihr einfach die Geheimzahl aufschreiben, sie wollte das dann im Büro machen und gleich zurückkommen. Ich sollte es mir so lange schon mal gemütlich machen.«

»Wie dumm kann man sein?«

»Ein Dreier, Mann!«

Ist doch sowieso nichts auf dem Konto. Bist doch immer pleite.«

»Doch! Die ganze Kohle für den Anzug. Plus Dispo!«

Die Kiez-Tour ist wohl ein vorgezogener Junggesellenabschied. Die Kohle für den Hochzeitsanzug zieht sich die Nutte wohl gerade mit seiner Karte.

»Wir müssen die Karte sperren.«

»Hast du die Nummer von deiner Bank?«

Ratlosigkeit. Niemand hat die Nummer von der Bank, wenn er sie braucht.

Dann kommt die Nutte tatsächlich wieder, mit einer blonden Freundin im Arm. Sie hält dem Freier seine Kreditkarte hin.

Das Konto ist leer, da kann er sicher sein.

»Na, was ist los? Willst du deinen Service nicht mehr? Und was ist mit meinem Tisch passiert?«

Er tut jetzt das einzig Richtige. Er legt den Arm um die beiden Frauen, seine Freunde bleiben auf dem Gang stehen und lachen. Diesen teuersten Fick seines Lebens wird er wenigstens auskosten.

Später wird er sich einen Anzug leihen müssen. Und seiner Frau erklären müssen, warum das Geld gerade etwas knapp ist. Der älteste Nutten-Trick, der immer wieder funktioniert. Selten kommt die Abzocke vor Gericht. Ein geplündertes Konto lässt sich vor der Ehefrau vielleicht noch verbergen. Ein Nutten-Prozess, bei dem man als Geschädigter aussagen muss, jedoch wohl kaum.

Je später es wird, desto mehr riecht der Kiez nach Pisse. Die Besoffenen ziehen durch die Laufhäuser, kotzen in die Gänge, belästigen die Frauen, kriegen eine aufs Maul.

Das Leben als Straßenzuhälter ist mir zuwider. Ich verbringe zu viel Zeit mit primitiven Proleten. Viele Hells Angels, Hooligans. Es geht hier nicht darum, ehrliche Geschäfte zu machen, es geht darum abzuzocken, Leute festzumachen. Unsere Gespräche drehen sich nur darum, wer was auf die Fresse gekriegt hat und wer noch was auf die Fresse bekommen soll.

Ich merke, wie ich mich selbst verändere. Ich trainiere fast jeden Tag im Olympic-Fitnessstudio am Hauptbahnhof, lege ordentlich an Muskeln zu, aber die brauche ich auch. Denn fast jeden Abend gibt es Stress, mal mit Freiern, mal mit anderen Zuhältern.

Irgendwann, das weiß ich, werde ich wegen einer Körperverletzung richtig in den Knast einfahren.

Es gibt strenge Regeln, die mit Gewalt, Demütigungen, Geldforderungen durchgesetzt werden. Am Anfang imponiert mir das raue Leben auf dem Kiez. Ohne Regeln funktioniert nichts. Bis ich merke, dass die Regeln nur dazu dienen, um sich gegenseitig abzuzocken.

Mit den Frauen wird ein wahnsinniges Programm gefahren mit strikten Arbeitsplänen, hier wird Geld gefordert, da erniedrigt, dort bestraft.

Heute weiß ich, dass die Menschen im Milieu, Frauen genauso wie Männer, keine armen Opfer sind. Sondern viele abgefuckte asoziale Schweine, die nur darauf aus sind, für ihren eigenen Vorteil Profit aus den anderen zu schlagen. Partnerschaften im Milieu haben meist nur den Zweck, voneinander zu profitieren – oder den anderen auszunutzen. Es gibt auf dem Kiez keinen Respekt voreinander.

Zum ersten Mal in meinem Leben schlage ich jetzt auch eine Frau. Weil sie für mich keine Frau ist, sondern nur eine Fotze, die für mich anschaffen geht, der ich Respekt beibringen muss. Ich weiß nicht mehr, worum es eigentlich ging. Sie wird schlecht über mich geredet haben, irgend so eine Nichtigkeit. Ich bin vollgepumpt mit synthetischem Testosteron. Ich erkenne mich selbst nicht wieder.

Es gibt für Gewalt gegen Schwächere, für Gewalt gegen Frauen eigentlich keine Entschuldigung. Und es ist, abgesehen davon, nur dumm.

Wenn du zu einem Tuning-Treffen fährst und mit deinem Auto im Wettbewerb den ersten Platz machen willst, dann demolierst du doch vorher auch nicht deinen Wagen. Ein Zuhälter, der seine Frau schlägt, beschädigt damit sein Kapital.

Zum Zuhälter werde ich durch Bella. Eine Frau, nach der sich alle die Finger geleckt haben. Ein Schuss! Schwarze Haare bis zum Arsch und blaue Augen. Eine Venusfalle.

Ich kenne sie noch aus dem »Château«, sie war die bestverdienende Frau dort. Ich weiß, dass sie auf mich steht. Aber sich mit Bella einzulassen, ist gefährlich. Denn sie ist mit einem Zuhälter aus einem mächtigen albanischen Familienclan zusammen. Doch der tyrannisiert sie, deshalb will sie um jeden Preis von ihm weg.

In dem Club, in dem sie arbeitet, sage ich zu ihr: »Komm morgen um 14 Uhr ins Kaffeehaus in St. Georg. Dann weiß ich, dass du das durchziehen willst, ich regele dann alles.«

Sie kommt tatsächlich. Ihr Ex fordert 50 000 Euro Ablöse. Wir einigen uns.

Das Leben im Milieu richtet Bella schließlich zugrunde. Diese wunderschöne Frau verfällt mit jedem Monat stärker. Sie hat schon getrun-

ken, als ich sie kennengelernt habe – gerne und viel. Die Nächte im
»Château«, in denen sie mit den Freiern Champagner trinken musste,
haben sie zur Alkoholikerin gemacht. Es gibt auch Huren, die den Alkohol unauffällig wegschütten, statt ihn zu trinken. Die anderen bekommen irgendwann ein Problem.

Ich bin anderthalb Jahre mit Bella zusammen. Dann geht es nicht
mehr. Ich habe auf sie eingeredet, dass sie einen Entzug machen soll,
wusste aber auch, dass kaum ein trockener Alkoholiker, der im Nachtleben arbeitet, durchhält. Und wir sind nun einmal das, was wir sind.

Auch danach halte ich noch sechs Jahre lang Kontakt zu ihr. Sie
fliegt dann irgendwann aus ihrer Wohnung, nachdem sie sie im Suff in
Brand gesetzt hat. Am Schluss hockt die wunderschöne Bella in ihrer
eigenen Pisse auf einer Parkbank.

Ich habe noch nie eine Frau zur Prostitution gezwungen. Meine Frau-
en habe ich fast alle von anderen Zuhältern übernommen. Sie waren
schon vor mir im Milieu tätig, haben sich dann aber überlegt, dass es
ihnen besser ginge, wenn sie mit mir zusammen wären. Vielleicht, weil
ich zumindest meistens korrekt mit meinen Frauen umgegangen bin.
Vielleicht, weil sie verliebt waren. Wahrscheinlich aber einfach, weil ich
stärker war, bessere Kontakte hatte und so mehr Schutz und günstigere
Arbeitsmöglichkeiten bieten konnte.

Ich habe für meine Frauen immer korrekt eine Abstecke an den alten
Zuhälter gezahlt. Wenn eine Prostituierte den Zuhälter wechseln will,
ist im Milieu eine Abstecke fällig. Die zahlt der neue Zuhälter an den
alten Zuhälter. Das ist völlig legitim. Der alte Zuhälter hat schließlich
in die Frau investiert, er hat sie in die richtigen Clubs gebracht, für ihre
Sicherheit garantiert. Wenn sie jetzt mit jemand anderem zusammen-
arbeitet, bedeutet das einen finanziellen Verlust, der irgendwie ausge-
glichen werden muss.

Natürlich gibt es auch Zwangsprostituierte, meist Frauen, die aus
dem Ausland nach Deutschland gebracht werden und ihre Rechte
nicht kennen. Aber ihr Anteil an den vielen Tausend Frauen, die in
deutschen Städten anschaffen gehen, ist verschwindend gering. Es gibt

Zahlen zur Zwangsprostitution, die sind zehn Jahre alt, aber ich glaube nicht, dass sich da viel geändert hat. In diesem Jahr wurden bei insgesamt 1226 Frauen Ermittlungen eingeleitet, da sie Opfer von Zwangsprostitution waren. Aus Deutschland kamen davon übrigens nur 127. Es wird geschätzt, dass in Deutschland 400 000 Frauen in der Prostitution arbeiten. Selbst wenn wir von einer hohen Dunkelziffer ausgehen, bleibt ein weit überwiegender Teil, der sich freiwillig prostituiert.

Natürlich belügen die Zuhälter ihre Frauen: »Schatz, das macht mir nichts aus, dass du mit anderen Männern schläfst. Der Gedanke macht mich sogar an. Aber ich liebe dich, wirklich!« Das ist selbstverständlich Quatsch. Das Verhältnis zwischen Zuhälter und Nutte ist zunächst mal ein professionelles. Der Zuhälter ist eine Art Manager, der sich um die Belange der Nutte kümmert. In einer idealen Welt würden beide Seiten das offen aussprechen und man könnte auf Augenhöhe miteinander arbeiten. Leider leben wir nicht in einer idealen Welt. Das professionelle Verhältnis wird vielmehr durch seltsame emotionale Verstrickungen überdeckt. Die Nutte behauptet, in ihren Zuhälter verliebt zu sein. Und der Zuhälter macht der Nutte vor, dass sie für ihn die Nummer eins ist.

Das beginnt schon mit dem Anwerben der Frauen. Die Zahl der Frauen, die keinen Bezug zum Milieu haben und irgendwann vor einem Bordell stehen und sich bewerben, ist gering. Aber es gibt sie durchaus!

Viel öfter kommen Frauen ins Milieu, weil sie von einem Zuhälter angeworben werden. Der Zuhälter geht in eine Diskothek, am besten auf dem Land, da kann man den Mädels noch die Welt erklären. So eine schöne Großraumdisco im Nirgendwo, voller junger Frauen, die aus der Provinz weg wollen. Die genervt sind von den Typen, die sie aus ihrem Dorf kennen, die ihnen nicht mehr bieten können als ein Leben als Frau an der Seite eine Klempners, Versicherungsvertreters oder Bankkaufmanns.

Wenn ein Zuhälter in eine Diskothek geht, sieht er gleich, welche Frauen für die Bordelle infrage kommen. Er sucht nach einer Frau, die sich mit teuren Markenklamotten ausstaffiert hat, aber nicht so wirkt, als hätte sie reiche Eltern. Mit etwas Glück hat sie sich für diesen Luxus schon verschuldet, jedenfalls muss sie bereit sein, für schöne Dinge einiges zu tun. Dann sollte sie auch noch ein bisschen aufreizend tanzen. Ihr Ego also dadurch aufbessern, dass sie von Typen begafft wird. Wenn sie sich zudem noch gerne auf Getränke einladen lässt: Bingo!

Mit der bändelt der Zuhälter an, die ist ideal fürs Milieu. Sie ist sexy und zieht ihr Selbstbewusstsein daraus, von Männern begehrt zu werden. Sie mag Luxus, kann ihn sich aber nicht leisten.

Dann kommt eine Phase, in der man ein bisschen was investieren muss. Teure Geschenke, etwas Luxus, die Frau auf Händen tragen … Und dann nimmt man sie einmal mit in einen Club, da verbringt sie einen netten Abend, plaudert mit den anderen Mädels, die ihr erzählen, dass das mit der Prostitution gar nicht so schlimm ist, dass die meisten Freier ganz süß sind und es da ganz viel Geld zu verdienen gibt, bla, bla, bla.

Viele Frauen merken dann schon selbst, was von ihnen erwartet wird. Wenn nicht, sagt der Zuhälter: »Süße, ich liebe dich und ich würde mir gerne etwas mit dir zusammen aufbauen. Klappt aber nur, wenn du etwas dazuverdienst. Sonst kann das mit unserer Beziehung nichts werden.«

Gewalt spielt bei der ganzen Sache meist keine Rolle. Höchstens emotionaler Druck, das Ausnutzen von charakterlichen Defiziten, das Lügen.

Natürlich gibt es auch den wirtschaftlichen Zwang, eine sehr unschöne Geschichte. Der Freund hat Schulden, die Familie hat Schulden und die Frau bekommt das Angebot, die in den Bordellen abzuarbeiten. Auch über die Abstecke wird manchmal ein solcher Druck aufgebaut. Die Abstecke bei einer guten Frau kann durchaus einige 10 000 Euro betragen. Die Frau beginnt bei ihrem neuen Zuhälter also mit teilweise hohen Schulden, weil er sie ja freigekauft hat.

Wenn eine Frau sich dazu entscheidet, aus dem Milieu auszusteigen, kann sie das auch. Wer aufhört, muss auch keine Abstecke zahlen. Ehrlich gesagt: Welche Handhabe hätten denn die Zuhälter? Sollen die die Frauen zu Hause abholen und in ein Bordell verschleppen?

Was nicht so gern gesehen wird, ist, wenn die Frau plötzlich mit einem Freier zusammenkommt. Das kommt ein paarmal im Jahr vor, dass ein Solider seine Frau für eine Nutte verlässt. Wir im Milieu halten nicht viel von solchen Beziehungen. Dem Mann Liebe vorzuspielen gehört nun einmal zum Job der Prostituierten. Aber Beruf und Privatleben sollte man doch trennen. Nicht zuletzt, um die Freier zu schützen. Dass sich eine Nutte wirklich unsterblich in einen Freier verliebt, wie in *Pretty Woman*, kommt nicht besonders oft vor. Deutlich häufiger ist es, dass die Frau bei einem solventen liebestollen Freier einfach leicht verdientes Geld wittert.

Auch wenn es keinen körperlichen Zwang gibt: Prostitution ist ein harter Job. Ich kenne viele Frauen, die an ihm zerbrochen sind. Oder zumindest charakterliche Schäden davongetragen haben. Wer Liebe immer nur vorspielt, hat irgendwann Probleme, sie noch wirklich zu empfinden.

Solange es Menschen gibt, wird es auch Prostitution geben. Und solange es Prostitution gibt, wird es Männer geben, die daran verdienen wollen. Wenn die Zuhälter gut arbeiten, können die Frauen in Ruhe ihr Geld verdienen. In meiner Zeit als Straßenzuhälter habe ich sehr schnell gemerkt, dass es auch für die Frauen rauer wird, je rauer das Umfeld ist.

Bei Sonja weiß ich erst gar nicht, dass sie eine Nutte ist. Ich lerne sie bei einer Party im »Dollhouse« kennen, wir gehen ein paarmal miteinander aus und nach zwei Wochen sind wir zusammen.

»Du, mein Ex möchte mal mit dir reden«, flötet sie einige Zeit später zuckersüß.

Da weiß ich, was Sache ist, denn bei soliden Frauen ist es doch eher unüblich, sich noch einmal mit dem Exfreund zusammenzusetzen.

»Sag mal, ist dein Ex dein Zuhälter?«, frage ich daher.

Sie nickt.

Ihr Zuhälter gehört zur Marek-Bande. Ich einige mich mit ihm auf 10 000 Euro Abstecke. Ich zahle 5000 und Sonjas Vater legt noch einmal 5000 drauf. Er will seiner Tochter so ein neues Leben ermöglichen, vielleicht hat er die Hoffnung, dass sich Sonja dann nicht mehr prostituiert. Aber Sonja hat nicht vor auszusteigen. Sie geht daraufhin am Hans-Albers-Platz anschaffen.

Trotzdem ist das mit Sonja keine rein geschäftliche Verbindung. Das ist wie Romeo und Julia. Nur dass bei uns Julia unten auf der Straße steht und ich oben am Pufffenster.

Liebe macht unvorsichtig. Nach einigen Monaten erzählt mir Sonja, dass sie schwanger ist.

»Was sollen wir machen?«, fragt mich Sonja.

Ich habe Sonja nie als Mutter meiner Kinder gesehen. Wir verstehen uns gut, aber ein Kind mit einer Prostituierten zu haben, ist so eine Sache. Die Vorstellung, dass die Mutter, die dein Kind küsst, mit ihrem Mund für Geld noch ganz andere Dinge tut, ist wohl keinem Mann angenehm. Dann überlege ich, was ich an Sonja mag. Sie ist wahnsinnig sexy, aufregend, es wird nie langweilig mit ihr. Aber kann sie eine gute Mutter sein? Ist sie zuverlässig genug? Ist sie geduldig? Ist ihr die Bestätigung von Männern im Zweifel wichtiger als ihr Kind? Ich muss auch an meine Mutter denken, wie meine Kindheit mit ihr war, und plötzlich sehe ich einige Parallelen im Charakter von meiner Mutter und Sonja. Wird mein Kind eine ähnliche Kindheit haben wie ich?

»Du, das ist deine Entscheidung«, erwidere ich, »willst du es denn behalten?«

Sonja lächelt mich versonnen an.

»Na, dann ist doch alles klar«, sage ich.

Sonja arbeitet weiter, bis sie im sechsten Monat ist. Da sie hauptsächlich auf Falle arbeitet, hat sie sowieso keinen Sex mit den Kunden, da stört die Schwangerschaft nicht weiter.

Ich plane in der Zeit ein gemeinsames Leben. Mein Kind soll schließlich nicht als Kind eines kleinen Straßenzuhälters aufwachsen, der sich prügelt. Und Sonja soll sich um unser Kind kümmern, nicht mehr auf dem Strich stehen und die Beine breit machen. Ich brauche also eine neue Geschäftsidee. Denn das Kiezleben ist nichts für eine Familie. Ich merke jetzt schon, dass ich immer in Sorge bin, wenn Sonja abends in Richtung Reeperbahn startet. Trinkt sie während der Arbeit? Was, wenn meinem Kind etwas passiert?

Die Ultraschall-Untersuchung ergibt, dass wir einen Sohn bekommen. Ich suche den Namen aus: Tyron. Bewusst wähle ich einen englischen Namen. Ein deutscher Name kommt nicht infrage, wir sind beide Mischlinge, schon ich werde wegen meines sehr deutschen Namens Jan komisch angeguckt. Ein Kanaken-Name soll es auch nicht werden, nichts Arabisches, obwohl das bei meiner Familiengeschichte ja naheliegen würde. Das Kind zweier Mischlinge soll den Namen einer ganz anderen Kultur bekommen.

Als die Wehen losgehen, fahre ich Sonja ins Krankenhaus. 22 Stunden lang liegt sie in den Wehen. Ich gehe nicht mit in den Kreißsaal, da bin ich altmodisch, es gibt Dinge, die sollte ein Mann nicht sehen.

Während ich in dem Wartezimmer in der Klinik sitze und in den ausliegenden Magazinen blättere, denke ich über mein Leben nach. Über die Prügeleien auf dem Straßenstrich, über meine Zeit im Knast, die illegalen Waffen, den Drogenhandel.

Was sage ich meinem Sohn, wenn er mich fragt, was ich beruflich mache?

Irgendwann holen die Ärzte meinen Sohn dann per Kaiserschnitt. Sein Kopf ist zu groß, um auf natürlichem Weg herauszukommen. Den Dickschädel hat er schon mal von mir geerbt. Die Schwester bringt meinen Sohn aus dem OP, er ist in eine weiße Decke gewickelt. Dann legt sie ihn in meine Arme. Die ersten Stunden bin ich mit Tyron allein, während Sonja aus der Narkose erwacht.

Ich trage Tyron über die Gänge der Klinik. Bald schläft er ein. Mich durchströmt das schöne Gefühl, nicht mehr allein zu sein. Ich habe jetzt einen Nachkommen.

Drei Tage nach der Geburt fährt Sonja zu ihrer Familie nach Frankfurt. Sie will in Ruhe stillen, weit weg vom Kiez, die Großeltern helfen ihr. Ich unterstütze sie darin. Der Kiez ist wirklich kein Ort, an dem man die ersten Monate seines Lebens verbringen sollte.

Als sie nach ein paar Wochen zum ersten Mal zurück nach Hamburg kommt, merke ich, dass unsere Beziehung einen Knacks bekommen hat. Sie hat meinen Sohn in Frankfurt gelassen. Ich bin darüber enttäuscht, obwohl ich natürlich verstehen kann, dass sie ihm die Reise noch nicht zumuten will.

Wir treffen uns in einem Steakrestaurant. Sonja lässt sich volllaufen, vor mir sitzt wieder die Hure, die sie immer war. Ich werde wütend. Über Tyron erzählt sie nur ein paar Sätze, dann drehen sich ihre Gespräche wieder um den Kiez, um das Geschäft. Sie erzählt mir, dass in München besseres Geld zu verdienen sei, dass sie sich überlegt, dahin zu gehen.

Da ich bei einem Geschäftspartner Geld abholen muss, muss ich kurz weg. Als ich nach einer halben Stunde zurückkomme, ist Sonja verschwunden. Ein Kellner erzählt mir, dass sie weitergetrunken hat und dann mit einem Typen weggefahren ist. Da ist mir klar, dass unsere Beziehung wohl nicht mehr besteht.

Heute lebt sie mit meinem Sohn weit weg von Hamburg. Ich kann nicht viel darüber erzählen, um sie und meinen Sohn nicht zu gefährden. Ich sehe meinen Sohn Tyron fast nie.

Das klingt vielleicht so, als würde ich mich meiner Verantwortung nicht stellen. Aber schon als mein Sohn geboren wurde, war ich tief im Milieu verstrickt, und ich weiß, wie erpressbar mich ein Kind macht. Als ich mich mit den Hells Angels angelegt habe, hätte mich nie so verhalten können, wie ich es getan habe, wenn ich über die eventuellen Auswirkungen für meinen Sohn hätte nachdenken müssen.

Heute gibt mir der Gedanke an meinen Sohn Kraft. Wenn alles schiefgeht und ich irgendwann im Rotlichtkrieg mein Leben verliere, dann ist immerhin noch mein Sohn da.

DIE MACHT AUF DEM KIEZ

»Vor dem Gebäude demonstrieren kurz vor Prozessbeginn mehr als 60 Frauen. Mit Spruchbändern wie: ›Liebe und Lust sind frei. Wir brauchen kein Gericht dabei‹. (…) Zunächst ist der Prozess bis zum 30. Januar 2007 terminiert. Sollte sich die Anklage bewahrheiten, drohen den Angeklagten lange Haftstrafen. Zwischen Januar 2001 und dem 17. November 2005 sollen die Angeklagten als Führungsriege der Gruppe 196 Frauen zur Prostitution gezwungen und das meiste Freiergeld selbst kassiert haben.«

Hamburger Abendblatt, 15.6.2006, »Damendemo für Marek-Bande«

Etwa 60 Huren haben sich vor dem Strafjustizgebäude der Hansestadt Hamburg versammelt. Sie tragen Arbeitskleidung: kurze, sehr kurze Röcke, neonfarbene Kapuzenpullis, hohe Stiefel. Sie haben Schilder gemalt, auf einem steht: »Lasst unsere Männer frei«. Vor dem altehrwürdigen Hamburger Gericht – erbaut 1882 – wird nicht oft demonstriert. So kann sich der Richter im Saal 337 einen Kommentar zu den Prostituierten vor dem Gebäude nicht verkneifen. »Meist ist es ja so, dass man Männer lieber loswerden möchte.«

Vor ihm sitzen Zuhälterkönig Carsten Marek und neun seiner Männer. Sie sind der Mitgliedschaft in einer kriminellen Vereinigung, des gewerbs- und bandenmäßigen Menschenhandels zum Zwecke der sexuellen Ausbeutung sowie der Zuhälterei angeklagt. Insgesamt sollen 85 Männer zur Marek-Bande gehören, die Gruppe nennt sich »Hamburger Jungs«. Laut Staatsanwaltschaft kontrollieren sie 140 Nutten auf dem Kiez.

Carsten Marek ist spektakulär festgenommen worden. Er saß in einem guten Restaurant in der Nähe der Hamburger Reeperbahn, aß gerade eine Platte Meeresfrüchte. Da stürmten schwer bewaffnete Beamte des Mobilen Einsatzkommandos in das Restaurant, drückten Carsten Marek zu Boden. Zuvor warfen sie eine Blendgranate, um Marek und seine Begleiter kampfunfähig zu machen.

Ich kenne Carsten Marek gut. Als Zuhälter kam ich kaum an ihm und seinen Jungs vorbei. Das war aber nicht schlimm, denn Carsten war ein Ehrenmann. Er hielt sich an Absprachen, hatte seine Leute im Griff. Mit ihm war die Zusammenarbeit deutlich einfacher als mit den Hells Angels oder den Albanern, die auch auf dem Kiez aktiv waren.

Deswegen stehen wohl auch die Nutten vor der Tür und fordern die Freilassung des Zuhälterkönigs. Die Lokalpresse spekuliert zwar, ob die Mareks aus der Untersuchungshaft die Demo angeordnet haben könnten. Das ist aber absurd. Es passt nicht zum Selbstbild des Zuhälters, dass sich seine Frauen für ihn einsetzen, wenn er in Schwierigkeiten ist. Die Nutten machen sich wirklich Sorgen: Wenn Carsten Marek weg ist, werden zwangsläufig andere Zuhälter die Macht auf dem Kiez bekommen. Wahrscheinlich werden ein paar Monate Unruhe herrschen, bis sich die nächste starke Gruppe durchgesetzt hat, und das ist schlecht fürs Geschäft. Und ob das, was dann kommt, besser für die Huren ist, bezweifeln die Demonstrantinnen vor dem Gericht stark. Es stehen ja nur die Hells Angels und die Albaner in den Startlöchern. Beide Gruppen gelten als wenig zimperlich.

Die Hamburger Jungs sind so etwas wie ein Relikt aus vergangenen, besseren Zeiten. In anderen Städten haben längst ausländische Banden oder Rockergruppen die Macht übernommen. Besonders die Ausländer können auf Strukturen zurückgreifen, die es ihnen ermöglichen, schnell Frauen aus dem Ausland in die Bordelle in Deutschland zu bringen. Konkurrenz, die von den Nutten gefürchtet wird. Mehr Frauen bedeutet: Jede einzelne verdient weniger Geld. Die Rockerbanden kombinieren Zuhälterei mit Schutzgelderpressung, Drogenhandel und Waffenschiebereien.

Die Hamburger Jungs sind einfach Zuhälter, die sich zusammengeschlossen haben, um ihr Geschäft besser zu organisieren. Sie können so, da sie mehr Frauen zur Verfügung haben, schneller und flexibler reagieren. Wenn in einem Bordell mehr Freier sind, können sie dort

auch mehr Frauen einsetzen. Bei Problemen sind schnell mehr schlag-
kräftige Männer verfügbar. Zusätzliche Einnahmequellen suchen sich
die Zuhälter nicht, sie wollen nur ihr eigenes Geschäft besser organisieren. Diese Form der Zusammenarbeit auf dem Kiez hat seit den 70er-
Jahren Tradition. Damals war es die »GMBH«, benannt nach ihren
Chefs Gerd, Mischa, Beatle und Harry. Sie organisierten das Rotlicht-
geschäft wie ein mittelständisches Unternehmen, mit strikt getrennten
Aufgabenbereichen. Gerd kümmerte sich um die Finanzen, Mischa,
auch »der schöne Mischa« genannt, warb neue Huren an und betreute
die Frauen. Beatle war zuständig für die Sicherheit und Harry verwal-
tete die Immobilien. So konnten vier Männer knapp 90 Zuhälter und
1000 Huren kontrollieren.

In den 80er-Jahren machten dann junge Zuhälter der GMBH das
Geschäft streitig, von den etablierten Zuhältern abschätzig »Nutella-
Bande« genannt. In den 90er-Jahren dominierten dann die Hamburger
Jungs um Carsten Marek.

Natürlich gab es immer auch andere Gruppen, die Einfluss im Milieu hatten. Die Türken, die Albaner, die Hells Angels. Zumindest auf
der Reeperbahn ging aber nichts ohne den jeweils stärksten Zuhälter-
verbund.

Mit dem Prozess gegen Carsten Marek, der sich fast ein Jahr lang
hinzieht, werden die Hamburger Jungs stark geschwächt. Erst nach
388 Tagen Untersuchungshaft bekommen Carsten Marek und seine
Männer Haftverschonung. 40 Frauen kommen, um mit Carsten Marek vor dem Gefängnis anzustoßen, es gibt Champagner aus Plastikbe-
chern. Mit Mercedes-Limos und Sportwagen werden die Zuhälter vom
Gefängnis abgeholt.

Fast alle Zeugen aus dem Milieu haben im Gerichtssaal geschwie-
gen, wie es der Ehrenkodex vorsieht. Das Milieu regelt seine Probleme
selbst, ohne Polizei. Also gibt es kaum verwertbare Aussagen, deswegen
stützt sich die Anklage hauptsächlich auf abgehörte Telefonate. Die
sind für die Öffentlichkeit spannend, denn sie geben zum ersten Mal
einen authentischen Einblick, wie Zuhälter arbeiten.

Aus dem Protokoll:

Puffmutter: »Claudia war Freitag die beste. Fantastisch! Mir gefällt sie sehr!«

Marek: »Dann muss ich doch mit der zusammengehen.«

Puffmutter: »Die Kleine muss noch 'n bisschen lernen, aber du weißt, dass sie in dich verschossen ist …«

Marek: »Die ist mir so unsauber. Ich habe die mal abgeschminkt gesehen, lauter kleine Pickelchen, so unreine Haut. Kannst du da was machen? Ein Peeling oder so? Und die Zähne sind auch so schlecht …«

Ein anderer Zuhälter bittet seine Hure, sich doch ein bisschen mehr anzustrengen: »Ich will mir neue Felgen kaufen.«

Einige Peinlichkeiten fördern die abgehörten Telefonate auch ans Tageslicht, denn Zuhälter reden untereinander auch über die ganz alltäglichen Probleme. Jetzt weiß die Öffentlichkeit, wer von den starken Zuhälterjungs Verdauungsprobleme hat, wen Rückenschmerzen plagen und wer die viele Sauferei nicht mehr abkann.

Was der Prozess auch ergibt: Das Verhältnis der Zuhälter zur Polizei ist fast freundschaftlich. Bei den Kontrollen wird Kaffee angeboten, eine Polizistin sagt sogar aus, dass ihr die Zuhälter ein Abschiedsgeschenk machen wollten, als sie zu einer anderen Wache versetzt wurde. Das habe sie aber ablehnen müssen.

In der Urteilsbegründung stellt der Richter den Hamburger Jungs ein größtenteils gutes Zeugnis aus. »Der Zusammenschluss ist entstanden, um gemeinsam Geschäfte zu betreiben und zu koordinieren, nicht um Straftaten zu begehen«, so der Richter. »Sie sind Kaufleute, wenn vielleicht auch keine ehrbaren.«

Beim Anwerben der Frauen würden weder Zwang noch Gewalt ausgeübt. Die Frauen könnten jederzeit aussteigen. »Sie führen ihre Steigen so, dass sich die Frauen sogar wohlfühlen.«

Zum Verhängnis wird Carsten Marek, dass seine Gruppe Frauen angeworben hat, die zwar 18 Jahre alt waren, aber noch keine 21 Jahre. So junge Frauen dürfen nur in einem Bordell anschaffen, wenn sie vorher schon woanders im Rotlicht gearbeitet haben. Das Gesetz soll verhindern, dass junge, unsichere Frauen zur Prostitution verführt werden.

Nur kennt dieses Gesetz kaum jemand. Auch die Polizei nicht, die regelmäßig Carsten Mareks Frauen kontrolliert hat, also von allen wusste, wie alt sie sind. Ein Beamter sagt sogar aus, dass ihm die Vorschrift nicht bekannt sei.

Trotzdem wird Carsten Marek zu einer Bewährungsstrafe verurteilt: ein Jahr und zehn Monate. Rechtskräftig wird das Urteil erst anderthalb Jahre später. Denn die Anwälte haben Revision eingelegt, die der Bundesgerichtshof aber als unbegründet ablehnt.

Der Einfluss von Carsten Marek beginnt in den folgenden Jahren zu schwinden. Der Rotlicht-Boss zieht sich langsam aus den Geschäften heraus. Warum auch nicht, er hat gut verdient und die Justiz hat ihm gezeigt, dass sie ihn schnell mal ein Jahr in den Knast stecken kann.

Das Machtvakuum, das Carsten Marek hinterlässt, füllt sich schnell. Wer jetzt im Rotlicht arbeitet, kommt an Hells Angels und Albanern nicht mehr vorbei. Die beiden Gruppen machen in vielen Bereichen gemeinsame Sache. Beide Gruppen sind nicht dafür bekannt, besonders zimperlich zu agieren. Besser macht dies das Leben für die Huren in keinem Fall.

MEIN CLUB

»Tropische Atmosphäre auf 900 qm Fläche. Genießen Sie pure Entspannung. Täglich von 12.00 Uhr bis 04.00 Uhr geöffnet. Bis 19.59 Uhr 25 Euro, ab 20.00 Uhr 35 Euro Eintritt.«

Aus der Werbung für den Saunaclub »Tropicana«

An den Wänden hängt noch das Werkzeug, in der Ecke stehen alte Autoreifen, auf dem nackten Betonboden zeichnen sich Ölflecken ab. Ich höre dem Vermieter kaum zu, der mir erzählt, wie sich die Miete in Kalt- und Warmanteile aufteilt. Vor meinem inneren Auge sehe ich, wie ich die ehemalige Auto-Selbsthilfewerkstatt umgestalte. Ich sehe eine schöne Bar, in der die Freier mit den Mädels sprechen können. Ich sehe die einzelnen Zimmer, hübsch ausgestattet mit ordentlichen Betten und dicken Stofftapeten. Ich überlege mir, wie ich den Parkplatz vor neugierigen Blicken abschirme.

»Da musst du einiges investieren, wenn du daraus ein Apartmenthaus machen willst. Bis wann willst du dich entscheiden?«, fragt mich Ali.

»Ich mache das«, antworte ich.

Als Zuhälter bist du immer abhängig von Frauen. Eine Frau kann 1000 bis 2000 Euro pro Nacht verdienen. Aber sie kann auch null Euro verdienen. Oder, wenn du die Kosten für Getränke und das tägliche Leben abziehst, sogar Verlust machen.

Ich wollte eigentlich nie wieder abhängig von einer Frau sein. Das hatte ich mir wegen der Erfahrungen mit meiner Mutter geschworen. Ich wünschte mir Freiheit. Aber mein Leben hatte sich so entwickelt, dass ich wieder abhängig war. Außerdem verachtete ich die anderen Zuhälter, verachtete die Gewalt, den Dreck von St. Pauli.

Ich muss daher weg vom Straßenstrich. Ein eigenes Apartmenthaus soll mein Abflugticket von der Reeperbahn sein. Monatelang habe ich nach einem passenden Objekt gesucht, aber sobald die Vermieter hörten, was ich vorhabe, schüttelten sie energisch den Kopf. Zu viel Ärger mit den Nachbarn. Dann erzählte mir mein Kumpel Ali, dass er seine Werkstatt aufgeben wollte. Die hatte er jahrelang gemeinsam mit seinem Vater geführt, aber die Schrauber, die in der Selbsthilfewerkstatt an ihren Autos arbeiteten, kamen wohl nicht mehr so zahlreich wie früher. Sein Vermieter, ein ehemaliger Automatenaufsteller, hatte keine Berührungsängste mit dem Milieu.

Da ich mit dem Umbau zur Apartmentanlage in wenigen Wochen fertig sein will, arbeitete ich wie ein Besessener: tagsüber auf meiner Saunaclub-Baustelle, nachts als Zuhälter auf dem Kiez. Ich hole mehr als 120 Kubikmeter Schutt und Schrott aus der alten Werkstatt. Der Ehrgeiz, der mich antreibt: Ich will mir unbedingt in Hamburg einen Namen machen. Niemand darf in der Stadt über mich lachen. Deswegen darf ich mit dem Projekt auch nicht scheitern, sonst ist mir der Spott der ganzen Arschlöcher sicher.

Während ich auf der Baustelle arbeite, kommt mein Nachbar zu mir. Er hat einen Anbau, den er nicht nutzt und der direkt an mein Gebäude anschließt. Er meint: »Ich brauche den nicht mehr. Wenn du willst, kannst du dir da einen Durchbruch machen. Da bekommst du noch mal 140 Quadratmeter extra dazu.«

Ich brauche ein paar Tage Bedenkzeit. Zu Hause setzte ich mich mit einem Skizzenblock hin und male den Grundriss des Apartmenthauses auf, dann zeichne ich die Halle ein, die ich noch dazubekommen würde. In die Halle male ich einen Swimmingpool, einen Saunabereich, eine Bar. Dann reiße ich das Blatt aus dem Block, zerknülle es.

Ich beginne meine Nachtschicht, fahre auf den Kiez, schaue bei meinen Mädels vorbei. Erkundige mich, wie es denn so läuft, treffe mich mit ein paar anderen Zuhältern. Doch die ganze Zeit geht mir diese Halle, die ich dazubekommen könnte, nicht mehr aus dem Kopf. Ich setze mich in ein China-Restaurant in der Nähe des Hans-Albers-Platz, wo Bella steht und arbeitet. Auf eine Papierserviette male ich wieder den Umriss der Halle und in die Mitte male ich wieder einen Pool.

Ich schaue aus dem Fenster des Restaurants, draußen strömen die Betrunkenen vorbei. Es ist kalt, ich sehe zwei Nutten im Gleichtakt von einem Fuß auf den anderen stampfen. Wahllos sprechen sie die Kiezgänger an, eine hält einen Besoffenen fest, der aber reißt sich los, die Frau brüllt ihm Beleidigungen hinterher. Zehn Jungs mit rosa Cowboyhüten krakeelen an der Ecke, sie feiern wohl einen Junggesellenabschied. Einer von ihnen pisst gerade an die Hauswand.

Ich schließe die Augen, der Kiez widert mich an.

Auf meine Papierserviette male ich eine Palme neben den Pool. Ich denke an meine Zeit im Ausland, an die edlen Clubs in Australien, an den Strand von Argentinien. Dann schreibe ich »Tropicana« auf die Serviette. Das klingt nach weiter Welt, nach Entspannung, nach Urlaub und Strand. Darüber notiere ich »Saunaclub«. Ich unterstreiche die zwei Worte. »Saunaclub Tropicana«. Ich stelle mir Bella vor, wie sie im Bikini am Pool sitzt. Ich stelle mir die Freier vor, wie sie auf Rattanmöbeln sitzen, von den Frauen Getränke serviert bekommen. Ich stelle mir den Saunaclub »Tropicana« vor wie die Hotelbar in Argentinien, in der ich mit Michaels Freunden getrunken habe.

In Hamburg gibt es zu dieser Zeit noch keinen richtigen Saunaclub, wie ich sie aus dem Ruhrgebiet kenne. Bei denen du Eintritt zahlst, dafür in Ruhe Wellness machen kannst. Wenn du dann mit einer der Frauen aufs Zimmer willst, gibt es klare Ansagen, was wie viel kostet. Keine Abzocke.

Ich stehe also vor der Wahl, ein Apartmenthaus von vielen in Hamburg zu machen. Oder in der Halle einen Saunaclub zu eröffnen.

Am nächsten Mittag sage ich dem Nachbarn Bescheid, dass ich seinen Anbau haben möchte.

VERSICHERUNGSSCHADEN

Die Baukosten für mein Bordell haben sich durch den Saunaclub deutlich erhöht. Ich hatte für die Kaution und kleinere Umbaumaßnahmen mit Kosten von vielleicht 20 000 Euro gerechnet. Aber durch den zusätzlichen Platz haben sich die geplanten Ausgaben mal eben verzehnfacht. Und es wird viel länger dauern, bis der Club eröffnet werden kann.

Ich weiß nicht mehr, wie ich das geschafft habe. Ein Jahr lang habe ich die Miete bezahlt und stand sechsmal kurz vor der Kündigung. Manchmal brauchte ich Wochen, um neues Geld für Baumaterial aufzutreiben, solange konnte die Arbeit im Club nicht weitergehen. Dann liefen die Geschäfte auf dem Kiez wieder schlecht, weil die Mädels bockig waren, da ich nicht genug Zeit für sie hatte. Solange ich auf der Baustelle war, konnte ich ja keine profitablen Einsatzorte auf dem Kiez suchen, ich wusste nicht, wo gerade viel Geld zu verdienen war und wo wenig. Ich sprach mich auch mit den anderen Zuhältern nicht mehr ordentlich ab, deswegen wurden meine Frauen auf immer schlechtere Plätze abgedrängt.

Der Vermieter kam nie selbst vorbei, er schickte immer seinen Lakaien, seinen Schwiegersohn. Nachdem die Tochter meines Vermieters gestorben war, kümmerte sich ihr Mann trotzdem weiter um Botendienste für ihren Vater.

»Gianni, wie sieht's denn aus, der Alte schickt morgen die Kündigung raus.«

»Ich hab ein bisschen was, warte, ist im Laden, ich hole es dir.«

»Ja gut, dann gib mir das, dann ist der Alte wieder beruhigt.«

»Nächste Woche habe ich noch mehr, dann kann ich den Rest des Monats bezahlen.«

Es war ein Hängen und Würgen, aber irgendwie kam ich hin, mein Vermieter schickte die Kündigung nie raus.

Da ich kurz vor der Eröffnung dringend neues Geld brauche, sehe ich mich gezwungen, auf nicht ganz legale Methoden zurückzugreifen. Zu dieser Zeit fahre ich einen Mercedes S-Klasse. Mein Plan ist es, den Wagen verschwinden zu lassen. Über Kontakte wird mir ein Libanese namens Moe empfohlen, er soll sich um meinen Wagen kümmern. Seine Familie hat eine Autolackiererei in der Nähe der Süderstraße. Moe macht mir eine Anzahlung von 4000 Euro, er ist wohl gerade knapp bei Kasse, deswegen will er mir den Rest erst geben, wenn er das Auto losgeworden ist. Weil er mir empfohlen worden ist, vertraue ich ihm.

Verabredet ist: Wenn das Auto auf dem Schiff in Richtung Libanon ist, kriege ich meinen Schlüssel zurück und das restliche Geld. Dann will ich das Auto als gestohlen melden, um von der Versicherung noch einmal abzukassieren.

Ich habe allerdings eine wichtige Bedingung gestellt: Mein Auto muss sofort aus Hamburg verschwinden. Denn mein Wagen ist ziemlich auffällig, dicke 20-Zoll-Reifen, abgedunkelte Scheiben, Vierfach-Auspuff-Anlage. Laut, breit, auffällig. Kennzeichen HH-G, G für Gianni. Fatal wäre es, wenn der Wagen bei irgendwelchen krummen Sachen gesehen würde.

In den Tagen, nachdem das Auto abgeholt worden ist, rufen mich immer wieder Bekannte an und erzählen mir, dass sie mein Auto in der Stadt gesehen haben.

»Du, Gianni, da fahren gerade ein paar Araber mit deinem Auto auf dem Steindamm rum.«

»Du, Gianni, hier parken gerade ein paar Jungs dein Auto vor der Disco.«

»Du, Gianni, in meinem Laden haben ein paar Araber Ärger gemacht, die sind mit deinem Auto weggefahren.«

Meine wichtigste Bedingung, nämlich dass mein Auto schnell aus der Stadt verschwindet, ist also nicht befolgt worden. Ich lasse Moe ausrichten, dass er sich an unsere Abmachung halten soll. Sonst werde ich mir das Auto zurückholen und die Anzahlung behalten. Das geschieht an einem Mittwoch.

Am Sonntag ruft mich ein Hells Angel aus dem Eros-Laufhaus auf der Reeperbahn an und sagt: »Ein paar Jungs von dir waren in einem

Apartmenthaus am Hammer Deich. Im Zimmer Nummer 7 haben die Sefis Frau poussiert. Die kamen mit deinem Auto, wir gehen also davon aus, dass das deine Jungs sind. Überleg dir gut, wie du das erklären willst.«

Eine ernste Situation. Eine Frau aus einem Puff zu poussieren, also ihr schöne Augen zu machen, damit sie den Zuhälter wechselt, ist im Milieu ein schweres Vergehen. Und Sefi, ein Oberalbaner mit Kontakten zu den Hells Angels, ist in Hamburg ein mächtiger Mann. Ich habe also ohne mein Zutun richtig viel Ärger am Hals. Dabei will ich in den nächsten Wochen eigentlich nur in Ruhe meinen Club aufmachen.

Doch eines ist mir klar: Mit Hells Angels und Sefi darüber zu reden, dass ich nichts dafür kann, was mit meinem Auto passiert, würde kaum etwas bringen. Die sind froh, jemanden zu haben, den sie festmachen können.

Am Abend stehen dann die Jungs aus dem Eros-Center bei mir im Laden. Sie überbringen mir eine Nachricht von Sefi.

»Sefi will als Wiedergutmachung 5000 Euro«, kündigt einer an. »Sefi wird dir das auch noch mal selbst sagen. Er kommt gleich.«

Kurz darauf fahren fünf Autos auf meinen Hof. Sefi steigt aus, zum ersten Mal stehen wir uns gegenüber. Er sagt: »Deine Jungs, meine Frau, das ist eine klare Sache. 5000 Euro auf den Tisch, heute Abend noch, sonst sind es morgen 10 000 Euro. Jeden Tag, den du nicht zahlst, kommen 5000 Euro drauf.«

»Klare Ansage, dann weiß ich Bescheid«, antworte ich.

Sefi und seine Jungs ziehen ab. Eine Stunde später kommt noch mal einer, um nachzufragen, wie ich denn weiter vorgehen will.

»Richte Sefi aus, dass ich nicht zahlen werde. Er entscheidet, wie es weitergeht«, erwidere ich.

»Das wird ihm nicht gefallen.«

Die nächsten Tage bleibt es ruhig. Eine angespannte Ruhe, eine Ruhe vor dem Sturm. Ich glaube nicht, dass Sefi die Sache einfach auf sich beruhen lässt.

Da ich in den nächsten Wochen aber genug zu tun habe, um die Arbeit im Club voranzutreiben, bleibt mir gar nicht genug Zeit, um mir Sorgen wegen Sefi und den Hells Angels zu machen.

An einem Wochenende gehe ich dann auf den Kiez feiern, ein bisschen vom Bau-Stress im Club entspannen. Ich will in eine Disco, in der ich eigentlich Stammgast bin. Mir fällt gleich auf, dass da neue Türsteher sind. Zu meinem Pech machen Sefis Jungs jetzt die Tür.

Als ich reinwill, hält mich der Türsteher auf. Der Schrank sagt nur: »Da ist noch was offen zwischen Sefi und dir. Klär das erst mal.«

Da weiß ich, dass natürlich nichts vergessen ist.

Mein Freund Jakob ist dabei, er sagt: »So geht das nicht weiter, ich versuch da was zu arrangieren.« Er hängt sich ans Telefon und schafft es tatsächlich, ein Treffen zwischen Sefi und mir zu vereinbaren.

Wir treffen uns bei McDonald's in Wandsbek. Wir sitzen draußen, Sefi hat Karl von den Hells Angels dabei. Um uns herum sitzen Schüler, Eltern mit ihren Kindern, sie ahnen nicht, dass hier gerade ein Rotlicht-Gipfeltreffen abläuft. Die beiden haben ihre Bodyguards versteckt, anders als bei dem Auftritt in meinem Club wollen sie eine dezente, angenehme Verhandlungsatmosphäre und keinen Druck aufbauen. Ich werte das als gutes Zeichen. Aber ihre Leute sind da, das merke ich. Immer wieder fährt ein Auto voller Jungs vorbei. Zu meiner Überraschung geht es in dem Gespräch gar nicht um die Wiedergutmachung, um die 5000 Euro, auf die Sefi Anspruch zu haben glaubt. Die beiden interessieren sich stattdessen mehr für meinen Saunaclub.

»Was machst du denn da genau in Wandsbek?«, will Sefi wissen.

Ich erzähle ihnen also von meinen Plänen: edler Wellness-Bereich, angeschlossene Apartmentanlage. Sie sind durchaus beeindruckt und stimmen mir zu, dass so etwas in der Gegend fehlt.

»Da wirst du viele Frauen brauchen«, sagt Karl.

»Ja, ich habe sicher genug Platz für 25 Frauen«, stimme ich zu.

Als wir weiterreden, entdecken wir gemeinsame Interessen. Schließlich biete ich ihnen eine Partnerschaft an und beide schlagen sofort ein.

Ich verkaufe Albanern und Hells Angels eine 50-prozentige Beteiligung am Club. Pro Prozent will ich einen Tausender, meine neuen Partner bezahlen also 50 000 Euro.

Mit dem frischen Geld kann ich den Saunaclub nun zügig fertigbauen.

Jetzt kaufe ich nur noch das Beste und Teuerste. In der Poolanlage und im Saunabereich verlege ich türkischen Naturstein. In der Lounge stelle ich ein Podest mit einer Poledance-Stange auf, damit die Frauen ein bisschen für die Freier tanzen können. Über einen Beamer werde ich Pornos laufen lassen.

In den folgenden Monaten fühle ich mich unantastbar. Denn mit den Hells Angels und den Albanern als Partner steht mein Laden unter dem Schutz der mächtigsten Gruppen in Hamburg.

Ein lebensgefährlicher Irrtum.

Meine S-Klasse hole ich mir übrigens wieder zurück. Da Moe es weiterhin nicht schafft, das Ding aus Hamburg verschwinden zu lassen, schicke ich Jungs los, die mir den Wagen mit dem Zweitschlüssel zurückholen. Ein paarmal versucht Moe noch, Druck auf mich auszuüben, damit er seine Anzahlung zurückbekommt. Da gehe ich aber überhaupt nicht darauf ein. Der Unsinn, den er mit meinem Wagen gemacht hat, hätte mir beinahe meine Geschäfte in Hamburg verdorben. Eine kleine Wiedergutmachung ist da das Mindeste, was er mir schuldet.

ROTLICHTKRIEG

AUSBLUTEN

»Wie ein Überfallkommando sind in der Nacht zum Mittwoch drei Männer in den Saunaclub ›Tropicana FKK 66‹ an der Ahrensburger Straße (Wandsbek) eingedrungen. Sie schlugen um sich, es fielen sogar Schüsse. Die Täter flüchteten. Ein Opfer erkannte in einem der Täter Marcel M. (37). Der Mann ist ein stadtbekannter Schläger, der auch ein Menschenleben auf dem Gewissen hat. Nach ihm und seinen Komplizen wird gefahndet.«

Die Welt, 19.9.2007, »Abrechnung im Milieu«

Ich habe die Hand auf der Klinke eines Bordells im Süden Hamburgs, in dem die Hells Angels das Sagen haben. Ich bin gekommen, um etwas mit meinem Partner Karl zu klären. In der Sekunde, in der ich herunterdrücken will, klingelt mein Handy. Es ist Karl. Ich hatte ihm fünf Tage Zeit gegeben, sich zu melden. Eigentlich fünf Tage zu viel.

»Hey Gianni, wo bist du gerade?«, fragt er.

Das macht mich wütend.

»Sag mal, willst du mich verarschen? Ich stehe vor deinem Laden und gucke in deine Überwachungskamera. Und dein Auto steht vor der Tür. Ich will was mit dir klären, ich denke, du weißt, worum es geht«, antworte ich.

Karl druckst herum: »Ja, Gianni, im Laden ist schlecht, lass uns bei der Tankstelle treffen. Ich brauch noch eine halbe Stunde, dann bin ich da.«

Mir ist zuwider, wie er sich windet. Am liebsten würde ich in den Laden reingehen und ihn direkt vor seinen Nutten zur Rede stellen. Aber ich respektiere seinen Wunsch, immerhin ist er mein Partner. Auch wenn ich an dieser Partnerschaft immer mehr Zweifel habe. Also lege ich auf, fahre zur Tanke und warte.

Während ich einen Automatenkaffee trinke, denke ich über das seltsame Agieren meiner Partner nach. Ich habe nur eine Handvoll Frauen in meinem Club und schaffe es gerade so, meine Kosten zu decken. Geld verdiene ich mit dem Club aber nicht. In den Bordellen der Hells Angels hocken dagegen mehr Frauen als Freier, aber für das »Tropicana« ist angeblich nicht eine Frau übrig. Auch die Albaner halten sich zurück. Mich macht das misstrauisch. Die wollen mich anscheinend ausbluten lassen.

Von Anfang an war der Plan der Hells Angels: Wir gehen auf doof bei dem in den Laden, dann rasieren wir den und in einem Jahr gehört alles uns. Wir schicken dem nicht eine einzige Frau in den Laden. Soll er doch sehen, wie viel Geld ein Puff ohne Huren abwirft. So halten wir ihn klein. Irgendwann hat der keine Lust mehr zu strampeln, dann überschreibt er uns den Club. Ganz ohne Stress.

Die Hurensöhne.

Deswegen war der Deal bei McDonald's so glatt gelaufen. Deswegen waren sie so bereit, in den Club zu investieren. Die Masche, mit Druck an die Läden zu kommen, ist so alt wie das Rotlicht. Die Prostitution gilt ja als ältestes Gewerbe der Welt. Das ist Quatsch. Das älteste Gewerbe ist: Du hast was, ich will das, also nehme ich es dir weg.

Bei den meisten Bordellen steht der, der das Sagen hat, nicht im Mietvertrag. Es gibt zwar den Typen, der Ansprechpartner für die Behörden ist. Aber das ist meist ein armer Kerl, der wie ich Arbeit und Kohle in den Laden investiert hat. Die Macht haben jedoch seine dubiosen Partner, die irgendwann in seinen Laden gekommen sind und seither tüchtig die Hand aufhalten. Entweder weil sie einfach Schutzgeld erpressen. Subtiler ist die Nummer, die gerade bei mir versucht wird. Gib uns den Laden oder wir schicken dir keine Huren. Die härteste Währung im Rotlicht sind nicht Euros. Die härteste Währung sind Muschis.

Wahrscheinlich hätte ich das noch einige Zeit mitangesehen, wenn die Hells Angels nicht angefangen hätten, mir die Frauen, die ich hatte, auch noch wegzunehmen.

Mir nimmt aber keiner was weg. Komm freundlich, bring Blumen mit und du kannst alles von mir haben. Aber komm mit bösem Blick und versuche, etwas zu fordern, dann verlierst du das Ding.

Ich war zu dieser Zeit mit Elli zusammen, halb Ägypterin, halb Deutsche. Eine Granate. Sie arbeitete in meinem Saunaclub, war eine der besten Frauen dort. Das wussten auch die Hells Angels. Am Freitag hatte sie noch ganz normal im Club gearbeitet. Am Samstag tauchte sie dann nicht mehr auf. Am Sonntag auch nicht. Ich machte mir schon Sorgen, konnte sie aber nicht erreichen. Dann hörte ich, dass sie jetzt bei Karl im Puff arbeitete.

Das Mindeste, was Karl hätte tun müssen, wäre ein Anruf bei mir: »Du, deine Frau arbeitet jetzt bei uns, mach dir keine Gedanken, wir klären das.« Von Partnern hätte ich allerdings eher erwartet, dass sie Elli sagen, dass sie nicht einfach den Club wechseln kann und ihren Arsch gefälligst zurück ins »Tropicana« bewegen soll. Aber nichts Derartiges passierte.

Ich wollte Karl ein paar Tage Zeit geben, weil ich loyal zu meinen Partnern bin. Kann ja sein, dass jemand gerade extrem viel um die Ohren hat. Aber dann fiel mir auf, dass nicht nur Elli nicht mehr auftauchte. Krissi, die erst ein paar Tage bei mir im Club war, ließ sich auch nicht mehr blicken. Um sie war es nicht besonders schade, denn sie hatte sich sowieso nicht sehr angestrengt. Aber seltsam war es schon.

Und siehe da: Auch Krissi war jetzt in Karls Bordell. Erkundigungen ergaben: Da hatte sie auch schon vorher gearbeitet. Die Hells Angels hatten sie zu mir geschickt, damit sie Elli aus dem Laden poussiert. »Süße, komm doch mit zu den Hells Angels, da gibt's mehr zu verdienen« – so in etwa.

Nach fünf Tagen war es mir dann zu bunt.

Eine halbe Stunde nach unserem Telefonat taucht Karl endlich an der Tanke auf. Ich bin ehrlich zornig. Trotzdem versuche ich, höflich zu bleiben.

»Was ist mit Elli?«, frage ich ihn.

»Ja, Gianni, das ist so eine Sache«, windet er sich, »die ist jetzt irgendwie mit einem von uns zusammen.«

»Karl, einen Zehner.« Also 10 000 Euro. »Fünf für Elli und fünf für die schwule Scheiße, dass ihr nicht Bescheid gesagt habt.«

»Lass uns da in Ruhe drüber reden.«

»Nee, Kalle, da gibt es kein Sprechen mehr.«

Später einigen wir uns auf 5000 Euro.

Aus der Welt ist die Sache deswegen natürlich trotzdem nicht. Ich kann meinen Partnern nicht mehr vertrauen. Also muss ich sie irgendwie aus dem Laden herauskriegen. Und die Hells Angels wissen das.

Im Milieu spricht sich schnell herum, dass bei Gianni großes Gangster-Casting ist. Jeder Möchtegern-Zuhälter setzt sich bei mir in den Laden und erzählt von Frauen, die er bringen kann. Wie ich diese Angeber hasse. Wenn sich drei Hartz-IV-Empfänger in Wilhelmsburg zusammentun und zwei Frauen auf den Strich schicken, führen sie sich bei mir wie ein Gangster-Syndikat auf. Dass die Einkünfte gerade mal reichen, um die Raten für den gemeinsamen BMW abzubezahlen, wird da gerne verschwiegen. Von solchen Deppen ist natürlich nichts zu erwarten. Schon gar nicht, dass sie gegenüber den Hells Angels Rückgrat zeigen.

Kaum ist man sich handelseinig, zieht ein Zuhälter nach dem anderen sein Angebot wieder zurück. Offenbar hat ihnen jemand Bescheid gesagt, dass es für alle Beteiligten ungemütlich werden kann, wenn Gianni Geld verdient.

Schließlich gerate ich an zwei Zuhälter aus Cuxhaven. Die haben Frauen und Bock auf Hamburg. Was ich nicht weiß: Die beiden sind beim Gremium Motorradclub aktiv. Keine Mitglieder, aber Anwärter für eine Vollmitgliedschaft. Prospects.

Gremium ist von den Hells Angels verboten worden, sich in Hamburg zu engagieren. Das wissen die beiden Zuhälter auch, aber wahrscheinlich wollen sie ihrem Club beweisen, dass sie sich sogar nach Hamburg trauen – um schneller an eine Vollmitgliedschaft zu kommen. Das geht gründlich in die Hose. Natürlich fällt den Hells Angels auf, wer sich da im »Tropicana« breitmacht. Es gibt daraufhin im Hintergrund ein paar Treffen mit dem Ergebnis, dass Gremium keinen

Bock hat, wegen dem Alleingang zweier Anwärter gegen die Hells Angels Krieg zu führen.

Von den beiden Zuhältern höre ich nie wieder etwas. Aber ich kann davon ausgehen, dass die Hells Angels das als endgültige Kriegserklärung auslegen, auch wenn ich nichts von der Clubzugehörigkeit der Zuhälter wusste.

Um zu verstehen, was dann passiert ist, muss ich einen Mann vorstellen: Knochenbrecher-Marcel. Ein Söldner im Rotlichtmilieu, der immer für den arbeitet, der am besten bezahlt. Er ist ein Mann, mit dem man eigentlich keine Geschäfte macht. Aber er hat durchaus Kontakte.

Eines Tages kommt er mit einem Typen zu mir, der die Anteile von Hells Angels und Albanern am »Tropicana« übernehmen will. Der Typ heißt Florian, ist ein Versicherungsmakler und hat mit dem Rotlicht also eigentlich gar nichts zu tun. Marcel hat den einmal beim Feiern aufgerissen, gemerkt, dass er Geld hat und sich – wie im Hamburger Milieu üblich – gedacht, dass er ihn ausnehmen kann.

Dabei soll ihm mein Streit mit den Höllenengeln nutzen.

Ich habe von Anfang an ein schlechtes Gefühl bei der Sache, aber ich werfe die Bedenken über Bord: Für mich ist die Hauptsache, dass die Hells Angels aus meinem Club raus sind.

Marcel will die Zahlungen regeln, dafür sorgen, dass die Hells Angels das Geld von Florian bekommen. Ich gehe daher davon aus, dass alles seinen geregelten Gang läuft. Etwas blauäugig, denn ein paar Wochen später ruft Karl an.

»Na, Gianni, wie läuft denn der Club?«

»Ganz gut. Warum interessiert dich das?«, antworte ich.

»Na ja, wir haben lange kein Geld mehr gesehen.«

Ich weiß sofort, was Sache ist. Marcel hat das Geld nicht weitergeleitet.

»Wieso? Ihr seid doch raus bei mir?«, frage ich mehr zum Schein.

»Nee, Gianni, der Marcel hat hier mal eine Anzahlung vorbeigebracht, 10 000, da fehlen aber immer noch 40 000.«

»Kann nicht sein. Florian ist jetzt voll drin bei mir im Laden.«

»Klär das doch mal.«

Ich rufe also Florian an, der gerade auf Malle Urlaub macht. Der sagt, dass er alles Geld an Marcel gegeben hat.

Ich lege auf. Eigentlich müsste ich mir keine großen Sorgen machen. Da Marcel den Deal vermittelt hat, müssen sich die Betroffenen im Grunde an ihn halten, wenn er sich etwas von dem Geld als Provision eingesteckt hat. Aber so dumm kann Marcel eigentlich nicht sein. Ich gehe also davon aus, dass die Hells Angels von Anfang an genau wussten, dass Marcel ihnen kein Geld zukommen lassen würde. Sie hatten nie vor, aus dem Club rauszugehen, schon gar nicht für den lächerlichen Betrag, den sie investiert hatten. Die wollen, dass ich rausgehe, dafür brauchen sie nur einen Grund, um loszuschlagen. Die Kohle, die Marcel eingesteckt hat, ist wohl der Lohn für das, was dann kommt.

Melanie ist eine Blondine mit strengem Kurzhaarschnitt, super Figur, Typ Chefsekretärin. Sie arbeitet bei mir, leider nur als Empfangsdame, anschaffen geht sie nicht. Aber die Freier mögen es, von ihr begrüßt zu werden und ein paar Worte zu wechseln.

Es ist früher Mittwochabend. Als es klingelt, geht Melanie die Tür aufmachen. Ich sitze zusammen mit meiner Freundin in meinem Büro. Plötzlich fliegt meine Bürotür auf, meine Freundin schreit. Vier Männer stehen vor mir, einen kenne ich: Knochenbrecher-Marcel, mit dem ich vor einer Woche im Restaurant noch ein Steak gegessen habe. Der sich als Retter meines Clubs aufgespielt hat, weil er mir einen neuen Investor gebracht hat. Jetzt fuchtelt er mit seiner Pistole vor mir herum.

»Was soll der Scheiß?«, frage ich.

Nach einer Diskussion ist meinem Besuch wohl nicht zumute, denn ich bekomme gleich einen Schlag ins Gesicht, sodass meine Brille zerbricht. Dann schießt Marcel auf mich. Ich kann ihn aus der Tür drücken. Er schießt noch einmal durch die geschlossene Tür. Offenbar wird ihnen die Situation nun zu heiß, denn sie ziehen ab. Kurz danach ist schon die Polizei im Laden. Ein Rechtsanwalt, ein früher Kunde, hat sie aus der Umkleidekabine mit dem Handy gerufen.

Meine Freundin krümmt sich mit einem Streifschuss am Bein auf dem Sofa. Ich blute aus einer Wunde am Kopf. Ein Rettungssanitäter führt mich aus dem Club, meiner Freundin legen sie eine Decke über den Kopf, sie will nicht erkannt werden. Denn außer der Polizei sind auch schon ein paar Fotografen der Boulevardzeitungen da, von denen ich einige kenne. Einer kommt sogar zum Ficken in den Saunaclub, für lau, damit er ein bisschen Werbung macht.

»Gianni, wer war das?«, ruft jemand.

»Nicht weiter wichtig, war nur 'ne Reklamation«, antworte ich.

Ich werde in den Krankenwagen gesetzt, ein Sanitäter sieht sich die Wunde an meinem Kopf an.

»Herr Sander, ist Ihnen übel?«

Ich antworte nicht.

»Herr Sander, können Sie mich hören?«

Ich nicke.

»Scheint nicht tief zu sein. Da haben Sie Glück gehabt. Nächste Woche stehen Sie schon wieder in aller Ruhe in Ihrem Laden«, schwatzt er, als wäre ich eine alte Frau, die sich die Hüfte geprellt hat.

Währenddessen starre ich auf die Einfahrt, schaue mir die Blitzlichter der Kameras an, das Blaulicht der Einsatzwagen und sehe meine Mädels verängstigt an der Tür des Clubs stehen.

Der Krieg hat begonnen.

AUF DER TODESLISTE DER HELLS ANGELS

Ich bin verabredet, für mich der einzige Grund, in die Schanze zu gehen. Das Hamburger Viertel, direkt neben dem Kiez gelegen, ist die Heimat für Werbeagenturen, Yuppies, Studenten. Ich schlendere die »Piazza«, die Hauptstraße des Viertels, entlang. Es ist ein Sommerabend, die Cafés und Bars haben Stühle und Tische rausgestellt.

Es ist viel los, die Macchiatos und Chai-Tees werden im Dutzend an die Tische getragen. Die Mädels sind alle eher alternativ gekleidet, ein paar schöne Frauen sind dabei, die ihre Körper aber unter viel zu weiten Shirts verstecken. Nicht unbedingt meine Zielgruppe. Aber ich erwidere die Blicke von ein paar Studentinnen. Die meisten gucken schnell in ihren Latte macchiato. Doch ich weiß: Die behaupten zwar, dass sie auf Typen stehen, mit denen sie über Philosophie und Politik diskutieren können. Beim Sex hätten sie trotzdem gerne mal einen mit Muskeln und Tattoos, der zupacken kann.

Ich biege in eine Seitenstraße ein, hier ist gleich deutlich weniger los. Mein Ziel ist die »Mokka-Bar«, da soll ich einen Zuhälter treffen. Angeblich hat er drei oder vier Mädels, gute Frauen, die er bei mir im Club unterstellen will.

Die »Mokka-Bar« ist leer, nicht ein einziger Gast, nur der Typ hinter der Theke ist im Raum, ein schmächtiger Araber. Er poliert Gläser. In Filmen polieren die Barmänner auch die ganze Zeit Gläser. Es passt nicht recht in den abgeranzten Laden, in dem die Gläser noch am saubersten aussehen.

Ich setze mich an die Bar, der Araber nickt. Die Musik ist mir etwas zu laut, Studenten-Pop.

»Gib mir eine Cola«, sage ich. Er stellt das frisch polierte Glas vor mich, schenkt mir ein. Seine Hände zittern. Er hat sich gut im Griff, das Zittern ist fast nicht zu sehen.

Wieso ist er nervös?

»Soll ich Jackie reintun?«, fragt er mich.

Eigentlich will ich nüchtern bleiben, aber er greift schon zur Flasche und schüttet den Alkohol in meine Cola.

Da kommen zwei Typen mit langen Haaren und Pali-Tuch um den Hals durch die Tür. Der Araber springt flink hinter dem Tresen hervor und läuft zu den beiden, bevor sie sich setzen können. Ich höre nicht, was sie reden, denn die Musik ist zu laut. Aus dem Augenwinkel sehe ich sie aber gestikulieren, einer der beiden zeigt sogar auf mich. Dann gehen sie wieder aus der Bar.

»Die machen immer Ärger«, meint der Araber zu mir, als er hinter seinen Tresen zurückkehrt. Ich zucke mit den Schultern. Wenn meine Bar so leer wäre, würde ich jeden Kunden nehmen.

Ich schaue auf die Uhr. In fünf Minuten ist das Treffen. Ich habe ein ungutes Gefühl. Irgendetwas ist nicht koscher.

Eine Nase Koks wird mich klarer werden lassen. Also stehe ich auf und gehe die Treppe zu den Toiletten hinunter.

Ein dunkler Flur, schummriges Licht aus einer nackten 40-Watt Birne. An den Wänden ein paar abgerissene Plakate, ein Ständer mit Karten und Flyern. Zwei Türen gehen nach links weg, die erste zur Damentoilette, die zweite zur Herrentoilette.

Ich gehe durch die erste Tür – in die Damentoilette. Ich weiß nicht, warum. Vielleicht weil mir die paar Schritte mehr zur Herrentoilette zu weit sind. Da sowieso keine Gäste da sind, interessiert es auch niemanden, wo ich pinkle. Vielleicht habe ich auch eine Vorahnung.

Ich schaue in den Spiegel, im Neonlicht sehe ich bleich aus. Während ich noch meinen Gedanken nachhänge, höre ich schwere Schritte. Es sind mindestens fünf Männer, die da die Treppe herunterkommen. Ich springe hinter die Tür, drücke mich gegen die Wand. Ich habe die Tür zum Flur offen gelassen, durch den Spalt sehe ich Männer in Lederjacken durch den Flur drängeln. Ich umklammere meine Pistole, 9 Millimeter, und atme flach.

Die Männer poltern an meiner Tür vorbei, laufen zur Herrentoilette. Sie treten gegen die Tür, dass sie aufspringt, ich höre ein splitterndes Geräusch, als die Klinke gegen die gekachelte Wand prallt.

»*O nerede?*«, höre ich aus der Herrentoilette. Türkisch. »Wo ist er?«

Die Toiletten haben kleine Fensterluken zur Straße hin und die Männer rechnen sich wohl gerade aus, ob ich da durchgekommen sein kann.

Mein Zeigefinger streicht über den Abzug meiner Waffe. Ein bis zwei nehme ich mit. Mehr wird schwierig. Ich male mir die Schlagzeilen aus: »Schießerei im Schanzenviertel. Giannis Leiche auf der Damentoilette gefunden.« Auf der Damentoilette erschossen zu werden – ein Heldentod ist das nicht.

Zum Glück nehmen es die Moslems mit der Geschlechtertrennung ernst. Die Gruppe rennt zurück durch den Flur, ohne einen Blick in die Damentoilette zu werfen, hoch in die Bar. Oben gibt es Geschrei, sie verdächtigen offenbar den Barkeeper, sie verarscht zu haben. Wieder ein Klirren, ein paar der polierten Gläser gehen wohl kaputt.

Ich bewege mich nicht, meine Knie schmerzen vom Stillstehen hinter der Tür. Der Stahl des Revolvers liegt kalt in meiner Hand. Immer noch traue ich mich kaum zu atmen. Die Minuten vergehen. Es scheint keiner mehr herunterzukommen. Sie glauben wohl, ich sei durchs Fenster abgehauen. Jetzt suchen sie wahrscheinlich rund um den Laden.

Fieberhaft überlege ich, wie ich aus der Bar kommen kann. Bis zu meinem Auto ist es ein ziemliches Stück, jetzt ärgere ich mich, nicht direkt vor dem Laden geparkt, sondern den Spaziergang durch die Schanze vorgezogen zu haben. Ich könnte ein paar Jungs holen, meinem Geschäftsführer eine SMS schicken, dass ich Ärger habe, dass er ein paar Leute zusammentrommeln soll. Wie lange würde das dauern, eine halbe Stunde? Und wie viele bräuchte ich? Fünf Mann waren unten, aber wer weiß, wie viele oben gewartet haben?

Dann höre ich wieder Schritte, die Tür zur Damentoilette bewegt sich, jetzt kommen sie rein. Ich springe aus meinem Versteck, brülle: »Euch nehme ich mit!«, richte meine Waffe in den Flur. Vor mir stehen zwei Mädels, sie kreischen und weichen zurück. Ich stoße sie beiseite, renne die Treppe hoch, die Waffe halte ich mit zwei Händen, richte sie vor mich auf den Boden.

Oben läuft immer noch lauter Studenten-Pop. Hinter der Bar befindet sich nun nicht mehr der Araber, sondern ein Deutscher mit langen Haaren und Nickelbrille. Vor ihm stehen drei Jungs, typisches Schanzenpublikum, wohl die Begleiter der beiden Mädels. Sie gucken

erschrocken zu mir, haben wohl ihre Frauen schreien gehört. Der Be-
soffenste von ihnen wendet sich an mich: »Was ist los?« Dann sieht
er meine Waffe, seine Stimme schnellt eine Oktave höher: »Alles gut,
ruhig, Mann.«

Ich renne raus, auf der Straße stecke ich meine Waffe in den Gürtel
und laufe auf direktem Weg zurück zur stark frequentierten Hauptstraße. Ich scanne meine Umgebung genau, denn die sind sicher noch
irgendwo hier. Die wollen schließlich ihren Auftrag zu Ende bringen.

TÜRKEN-MUSA

»Breitbeinig sitzt Musa im Hinterzimmer eines Lokals in Winterhude. Ohne Umschweife kommt er zur Sache: ›Die haben mich betrogen. Ich will mein Geld. (…) Die dachten, ich krepiere. Haben nie damit gerechnet, dass ich zurückkomme. Doch ich bin da und ich will 1,5 Millionen, da kommen diese Ziegenhirten noch günstig davon. Ihre Zeit ist abgelaufen.‹«

Hamburger Morgenpost, 19.7.2008, »Vor diesem Mann zittern die Luden«

Ich sitze mit meinem alten Freund Jakob beim Iraner beim Essen, als mein Handy klingelt. Die Wirtschafterin aus meinem Saunaclub ist dran.

»Gianni, da sind zwei Männer im Club, die dich sprechen wollen.«

Offenbar zwei Männer, die ihre Sache so dringlich erscheinen lassen, dass der Chef beim Essen angerufen wird.

»Was wollen die denn?«, frage ich.

»Sie wollen dir etwas von Musa ausrichten.«

Der Name Türken-Musa ist mir wie jedem im Hamburger Milieu ein Begriff. Er hatte in den 90er-Jahren das Sagen im Rotlicht. Aber seine Zeit ist längst abgelaufen. Meines Wissens ist er vor ein paar Jahren in die Türkei abgeschoben worden.

»Ich bin beim Iraner. Sie sollen vorbeikommen, wenn sie mich sprechen wollen.«

Egal, wer sie geschickt hat: Ich bin doch nicht deren Köter, der angerannt kommt, wenn sie mich sprechen wollen!

Kurz darauf tauchen tatsächlich zwei Männer an unserem Tisch auf. Ich kenne keinen der beiden. Es sind keine muskelbepackten Schläger. Beide sind schmächtig, sie haben tote Augen. Schmächtige sind meistens gefährlicher. Vor allem, wenn sie nur zu zweit kommen. Killer kommen nicht in der dicken Gruppe. Die kommen zu zweit, einer fährt, einer schießt. Sie stellen sich mir am Tisch nicht vor. Aber Jakob kennt sie.

»Bist du nicht Asan?«, fragt Jakob den einen.

Den beiden ist es sichtlich unangenehm, dass sie enttarnt sind. Jakob hat viele Kontakte im Rotlicht, es ist oft nicht ganz klar, mit welcher Gruppe er gerade Geschäfte macht.

»Wir wollen mit dir sprechen, Gianni. Komm mit uns raus«, sagt Asan.

Sie wollen sich nicht vor Jakob mit mir unterhalten. Oder sie wollen keine Zeugen haben.

»Ich unterhalte mich nicht im Stehen«, erwidere ich knapp. »Hier am Tisch sind zwei Plätze frei, setzt euch zu uns, wenn ihr reden wollt.«

Widerwillig setzen sie sich. Und schweigen.

»Musa schickt euch?«, frage ich.

Asan nickt.

»Mein Freund Musa. Den kenne ich gut. Wo ist er denn?«, meint Jakob.

»In den Niederlanden.«

»Ruf ihn doch mal an. Ich will mit ihm sprechen«, sagt Jakob.

Die Situation ist den beiden sichtlich unangenehm. Doch Asan holt sein Handy heraus, sucht eine Nummer im Telefonbuch und drückt dann die grüne Wähltaste.

Nach dreimal Klingeln geht jemand dran. Asan redet auf Türkisch mit Musa. Nach ein paar Worten verlangt Jakob: »Gib ihn mir mal.«

Asan reicht das Handy weiter.

»Musa, hier ist Jakob. Was willst du Verrückter von Gianni?«

Jakob redet ein paar Minuten mit Musa. Er beschimpft ihn, erst klingt es scherzhaft, als würden zwei alte Freunde herumalbern, dann wird der Ton schärfer. »Warum schickst du Ratte deine Schergen zu uns?«, will Jakob wissen. »Warum mischst du dich in Sachen ein, die dich nichts angehen?«

Musa scheint zu akzeptieren, dass Jakob so mit ihm spricht. Schließlich macht Jakob ein Treffen in Den Haag aus. Er will, dass Musa mich kennenlernt.

Türken-Musa hat dieselben Feinde wie ich. Musa hatte sich in den 90er-Jahren die Macht auf dem Kiez erkämpft. Er hatte eine Gruppe von gut 50 Männern um sich geschart. Die meisten waren Migranten, junge Türken, die gierig darauf waren, Geld und Respekt in ihrer neuen Heimat zu verdienen. Musas Jungs nannten sich »Gangster GmbH«, eine Hommage an die erste Gruppe, die den Kiez in den 80er-Jahren unter ihre Kontrolle brachte: die GMBH, benannt nach den Anfangsbuchstaben der Chefs. Mehrere Hundert Prostituierte arbeiteten für diese erste Ludengruppe auf dem Kiez.

Musas Kerngeschäft war im Gegensatz zur ersten GMBH aber nie Prostitution, sondern Sicherheit. »Ich bin kein Fleischhändler«, sagte Musa gerne. Als Bezahlung akzeptierte Musa Beteiligungen an den Bordellen und Clubs.

Sicherheit war in dieser Zeit im Hamburger Milieu selten: 1994 wurde Kiez-Größe »Muffel« T. auf dem Gänsemarkt in den Unterleib geschossen. 1996 wurde Karl-Heinz Schwensen im feinen Pöseldorf in einem Restaurant niedergeschossen. Partykönig Michael Ammer wurde der Kiefer gebrochen – er hatte ein Gang-Mitglied versehentlich angerempelt.

In dieser Situation wollte ein Hamburger Puff nach dem anderen Musas Leute zu seinen Teilhabern machen. Denn wer Musa als Partner hatte, brauchte Musa nicht mehr zu fürchten.

Nur wie das so oft im Milieu ist: Wenn die Gangster GmbH erst mal ihren Fuß in der Tür hatte, hatten die alten Chefs der Clubs nicht mehr viel zu sagen.

Die Führung der Bordelle war aber nicht das Kerngeschäft der Gangster GmbH. Deswegen holten sie die Hells Angels mit ins Boot. Die übernahmen die Bordelle auf dem Kiez, den Straßenstrich Süderstraße. Außerdem machte Musa auch die Albaner zu Teilhabern. Durch den Kosovokrieg waren viele albanische Flüchtlinge nach Hamburg gekommen. Sie konnten kämpfen. Und sie wussten, wie man Geld verdient.

Die Bordelle liefen gut. Musa bekam von Albanern und Hells Angels regelmäßig Anteile. Musa stieg dann in Warentermingeschäfte ein, es war wohl nicht alles ganz sauber, der Staatsanwalt fand sogar, dass Musas Geschäfte kriminell waren. Jedenfalls wurde er im Jahr 2000 wegen seiner Warentermingeschäfte festgenommen und 2003 in die Türkei abgeschoben. Kaum war Musa weg, stellten die Hells Angels und die Albaner die Zahlungen ein.

Und Musa saß in der Türkei und durfte nicht zurück nach Deutschland, um sich seinen Anteil zu holen. Er musste also tatenlos zusehen, wie seine ehemaligen Partner mit seinen Läden Millionen umsetzten.

Wer Musa kennt, weiß, dass er recht rigoros werden kann, wenn er wütend ist. Und Musa hatte einige Jahre Zeit, sich in die Wut auf seine Expartner hineinzusteigern.

Die Angels und die Albaner fuhren also ein großes Risiko, aber es hätte gutgehen können, wäre es in der Türkei nicht zu einem Streit gekommen. Worum es ging, ist nicht überliefert, aber es muss hoch hergegangen sein. Auf jeden Fall griff jemand zur Waffe. Musa fing sich einen Bauchschuss ein, überlebte aber. Allerdings verheilte Musas Wunde nie richtig. Die medizinische Versorgung in der Türkei war wohl nicht die beste. In Hamburg aber gab es gute Ärzte, das wusste Musa. Also holte er einen Kostenvoranschlag ein: 80 000 Euro sollte die Operation kosten. Dazu würden noch Reha-Kosten kommen.

Gut für Musa, dass er mittlerweile eine Polin geheiratet hatte. Das machte ihn zum EU-Bürger – er konnte damit hin, wo er wollte. Auch zurück nach Hamburg.

Fehlten nur die 80 000 Euro für die Ärzte. Musa fand, dass es nun an der Zeit war, sich etwas von dem Geld aus seinen Bordellen zurückzuholen. Aber seine alten Partner dachten nicht daran, Musa zu beteiligen. Ein hochrangiger Hells Angel sagte: »Die Ansprüche bestanden nie. Nur weil Musa pleite ist, gibt es noch lange kein Geld aus Mitleid.« Es war, das wussten alle im Hamburger Milieu, nur eine Frage der Zeit, bis Musa zurückkommen würde. Und Hells Angels und Albaner zitterten: Denn Türken-Musa war in den 90er-Jahren rücksichtslos darin gewesen, seine Interessen durchzusetzen. Damals war er gesund gewesen und hatte für seine Ehre und fürs Geld gekämpft. Wie aber würde ein verwundeter Türken-Musa agieren, bei dessen Kampf es um Leben und Tod ging?

Ich fahre also mit Jakob in die Niederlande und denke an alte Zeiten zurück, den Drogenhandel, das »Schneewittchen«. Damals wurde alles, was ich anpackte, zu Gold. Kein Vergleich mit dem Ärger, den ich jetzt mit dem Saunaclub habe.

Das Hotel am Hauptbahnhof von Den Haag hat vier Sterne und Ledersessel in der Lobby. In einem der Sessel sitzt Türken-Musa. Er steht schwerfällig auf, als wir auf ihn zugehen. Er ist athletisch, aber er hat einen Bauch. Ihm fehlt die Bauchdecke, nur ein Druckverband hält seine Gedärme zusammen. Als wir später zur Bar gehen, muss er sich stützen. Aber seine eng stehenden Augen können einem Angst machen. Er hat einen aggressiven, fast psychopathischen Blick.

»Du bist Gianni?«, fragt Musa.

»Ich bin Gianni.«

Wir reden mehrere Stunden. Wir merken, was uns verbindet. Ihm haben sie etwas weggenommen. Mir wollen sie etwas wegnehmen. Er will Rache. Ich will Rache. Und zwar an denselben Leuten.

Am Ende des Gesprächs schüttelt er mir die Hand.

Prozess gegen Knochenbrecher-Marcel vor dem Hamburger Landgericht. Der Zuschauerraum ist voller Leute aus dem Milieu. Überall Tattoos, Muskeln, Kutten. Als die Polizei den Untersuchungshäftling Marcel M. in den Gerichtssaal führt, grüßt er fröhlich seine Kumpels. Es herrscht eine gelöste Stimmung, als hätte das Rotlichtmilieu einen gemeinsamen Betriebsausflug ins Justizgebäude unternommen. Ein paar der Höllenengel im Raum schauen aber auch finster. Doch Marcels Aussage dürfte sie zufriedenstellen. Denn er sagt aus, dass er aus eigenem Antrieb in den Saunaclub gekommen sei. Ich hätte im Milieu behauptet, er habe Geld unterschlagen, und das wollte er klären. Er sei nur ins »Tropicana« gekommen, um sich auszusprechen.

»Warum haben Sie eine Waffe mitgenommen?«, will die Richterin wissen.

»Ich musste mich doch schützen.«

Die Waffe gehöre auch gar nicht ihm, er habe sie nur ausgeliehen. Leider, so behauptet er, hätte ich dann überreagiert und wäre auf ihn zugestürmt, als er in mein Büro gekommen ist. Da sei er in Panik geraten und deswegen hätte er Warnschüsse abgegeben.

»Ein Warnschuss durch die geschlossene Tür?«, fragt die Richterin.

»Ich wollte nicht in die Decke schießen. Ich weiß ja nicht, wer da oben wohnt«, antwortet Marcel.

»Aber Herr Sander hat dann ja ziemlich stark am Kopf geblutet.«

»Vielleicht ist er gestürzt? Da ist so ein Regal in dem Büro, vielleicht hat er sich daran gestoßen.«

Die Sache tut Marcel angeblich leid, auch dass der Schuss durch die Tür meine Freundin am Bein verletzt hat. Er hat ihr deswegen schon freiwillig 1000 Euro Schmerzensgeld gezahlt.

»Eines will ich wirklich klarstellen: Niemand sollte verletzt werden«, sagt Marcel.

Im Publikum wird gefeixt. Für jemanden, der sich den Spitznamen »Knochenbrecher« verdient hat, ist das doch ein ziemlich harmloses Statement.

Mein Auftritt als Zeuge ist dann kurz.

»Was sind Sie von Beruf?«, fragt mich die Richterin.

»Selbstständig«, antworte ich.

»In welcher Branche?«

»Gastronomie.«

Zur Sache sage ich nichts. Mit der Begründung, mich mit meiner Aussage möglicherweise selbst zu belasten. Das ist das Schlupfloch, das uns die Strafprozessordnung lässt. Ein Zeuge darf die Aussage verweigern, wenn er befürchtet, aufgrund seiner Aussage selbst dran zu sein. Ohne dieses Schlupfloch wären die Gefängnisse voller Zuhälter in Beugehaft, verlangt der Milieu-Ehrenkodex doch, nicht vor Gericht auszusagen.

»Imposante Erscheinung«, sagt die Richterin noch, als ich den Raum verlasse.

Sie scheint nicht sauer zu sein. Denn das, was Marcel zugegeben hat, reicht, um ihn für einige Zeit in den Knast zu bringen.

Bei der Urteilsbegründung betont sie, dass es dem Angeklagten nicht zu widerlegen sei, dass er nur in den Club gekommen sei, um etwas zu klären. Auftraggeber für den Überfall, die auch die Polizei vermutet hatte, lassen sich also nicht nachweisen.

Trotzdem bekommt Marcel 33 Monate Knast, wegen gefährlicher Körperverletzung und unerlaubtem Führen einer Schusswaffe. Ein hohes Strafmaß wegen seiner Vorstrafen. Sein Register sei, so schreibt die *Hamburger Morgenpost*, »dicker als das Berliner Telefonbuch«.

IN DER HÖHLE DES LÖWEN

>»Die Höllenengel als Friedensstifter beim schwelenden Krieg im Hamburger Rotlichtmilieu? (…) Die Hells Angels, mit einem feinen Sinn für drohenden Zoff im Milieu ausgestattet, ahnten Böses, als ›Türken-Musa‹ (…) nach Hamburg reiste. Nachdem Musa den Albanern öffentlich den Krieg erklärt hatte, luden sie die verfeindeten Seiten auf neutrales Gebiet in ein Bordell bei Bremen ein. ›Gastgeber‹ war Frank Hanebuth, Chef des Höllenengel-Chapters von Hannover.«

Hamburger Morgenpost, 25.3.2008, »Höllenengel als Friedensstifter«

Als ich durch das Steintorviertel in Hannover gehe, spüre ich, was es bedeutet, durch Feindesland zu gehen. Es ist Mittag, die Bars und Bordelle sind noch geschlossen, das Milieu schläft. Trotzdem achte ich genau darauf, ob mir jemand folgt. Als ich an einer Gruppe junger Männer vorbeigehe, die vor einer heruntergekommenen Videothek stehen, verstummt ihr Gespräch. Ich spüre ihre Blicke in meinem Rücken.

Das Steintorviertel ist klein, zumindest der Rotlichtbereich. Er erstreckt sich rund um die Scholvinstraße, zwei Häuserblocks, insgesamt ist das Rotlichtviertel vielleicht 100 Meter lang und 200 Meter breit. Nur ein paar Bordelle, Tabledance-Bars, Kneipen. Hier haben die Bordelle tatsächlich noch Blechherzen als Werbung, ein paar Häuser sind mit Airbrush-Optik verziert, am Tag wirkt alles etwas heruntergekommen. Kein Vergleich zum Hamburger Kiez, der sich einen Kilometer lang hinstreckt und auf dem sich die Etablissements mit aufwendigen Leuchtreklamen gegenseitig zu übertreffen versuchen.

So klein das Steintorviertel auch ist, es gibt hier alles, was Nutten und Zuhälter brauchen. Neben den Bordellen haben sich Sonnenstudios und Tätowierer niedergelassen.

Ich bin mitten im Kernland der Hells Angels. Nirgendwo sonst haben sie so viel Macht wie hier. Seit Jahren beherrschen sie das Viertel, kein Geschäft läuft hier, ohne dass die Hells Angels ein gewichtiges Wort mitreden. Es geht sogar so weit, dass in den Bars Bier der Marke 81 ausgeschenkt wird, denn hinter der Marke stehen die Hells Angels. Manche Clubs haben ihre Werbung in der Schriftart Hessian Regular gestaltet, in der auch das Hells-Angels-Logo gesetzt ist. Das Viertel, so provinziell alles erscheint, ist so etwas wie das Disneyland der Höllenengel.

Ich bin unbewaffnet gekommen, denn ich habe eine Verabredung mit einem mächtigen Mann, der für meine Sicherheit garantiert. Der ausgemachte Treffpunkt ist ein arabisches Restaurant gegenüber dem Arbeitsamt. Ich setze mich an einen Tisch, von dem aus ich die Tür gut im Blick habe. Das Essen ist scharf gewürzt, aber ich spüre das Feuer auf der Zunge nicht. Ich konzentriere mich nur auf die Tür. Immer wieder schaue ich auf die Uhr.

Ich bin in die Löwenhöhle gekommen, weil ich den Löwen sprechen will. Frank Hanebuth, Chef des Hells Angels Charters Hannover. Und damit mächtigster Höllenengel der Republik.

Hanebuth hat eingewilligt, sich mit mir zusammenzusetzen. Obwohl mir seine Brüder in Hamburg den Krieg erklärt haben. Den Termin verdanke ich meinen alten Kontakten in Hannover. Männern, die ich kennengelernt habe, als ich mich noch in Lehrte vor den Toren Hannovers versteckt gehalten habe.

Fürsprecher sind das eine, aber Hanebuth würde sich nicht mit mir treffen, wenn er sich dafür nicht auch einen Vorteil für sich selbst versprechen würde. Ihm wird die Situation in Hamburg auch Sorgen bereiten. Die Scharmützel um den Saunaclub »Tropicana« werden ihm egal gewesen sein, wenn er davon überhaupt etwas mitbekommen hat. Nur ein Puff von vielen. Aber wenn Türken-Musa seine Gangster GmbH wieder vereint, könnte das die Geschäfte in Hamburg für lange Zeit verderben. Und das ist etwas, das ein Geschäftsmann wie Hanebuth nicht gut finden kann.

Da sind wir uns nicht unähnlich. Auch ich will keinen Krieg in Hamburg, selbst wenn sich meine Kampfposition durch die Verbindung mit Musa verbessert hat. Ich habe die Hoffnung, dass sich der Konflikt wegverhandeln lässt.

Ich will, dass die Hells Angels mich im »Tropicana« in Ruhe lassen. Musa hat behauptet, dass es ihm nur um sein Geld geht. Wenn er die Summe etwas reduziert, dann könnten die Hells Angels sich die Ruhe einigermaßen günstig erkaufen. Vielleicht geben sie ihm ja einen seiner Läden zurück, damit kann er sich in Hamburg wieder etwas aufbauen.

Hanebuth ist pünktlich. Zum ersten Mal sehe ich den Mann, dessen Namen auch die Hamburger Höllenengel nur mit Hochachtung aussprechen. Mir ist sofort klar, dass der Riese, der das Restaurant betritt, Frank Hanebuth sein muss. Die Gespräche an den Tischen verstummen, der Mann hat eine machtvolle, dominierende Ausstrahlung. Ich bin sicher: Wenn jetzt ein Erdbeben Hannover erschüttern würde und das Restaurant zusammenbräche, Frank Hanebuth würde stehen bleiben. Ich kann verstehen, wie er Männer um sich scharen kann. Wer ihn sieht, denkt sofort: Wenn es zu einem Kampf kommt, will ich auf seiner Seite stehen.

Hanebuth trägt keine Hells-Angels-Kutte, sondern ein schwarzes Hemd, darüber einen Militäranorak. Auf dem kahlen Schädel hat er eine United-States-Troopers-Kappe. Er geht direkt auf mich zu. Seine gewaltige Pranke greift nach meiner Hand. Es ist ein kurzer Händedruck, dann bedeutet er mir, ihm zu folgen, in den ersten Stock. Hanebuth läuft vor mir die Treppe hoch, er schwankt wie ein Schlachtschiff. Er ist wahnsinnig breit und groß. Ein echter Kaltblüter.

Die Wohnung über dem arabischen Restaurant steht leer. Die Tür ist nicht abgeschlossen, wahrscheinlich hat der Wirt vor ein paar Minuten aufgeschlossen. Hanebuth ist kein Mann, den man vor verschlossenen Türen warten lässt, zumindest nicht im Steintorviertel. Die Wände in der Wohnung sind kahl, in den Räumen stehen keine Möbel, auf dem Boden sehe ich am Ende des Flurs einen dunklen Fleck.

Ist das Blut?

In den Türstock hat jemand vier Buchstaben geritzt: »AFFA« – »Angels Forever, Forever Angels«. Nur im größten Zimmer befindet sich ein langer Tisch mit sieben Stühlen. Offenbar so etwas wie das Konferenzzimmer der Hells Angels. Hanebuth nimmt am Kopf des Tisches Platz. Ich lasse einen Stuhl frei und setze mich wieder mit Blick auf die Tür. Was nicht viel bringt: Wenn jetzt ein paar seiner Männer die Wohnung stürmen würden, hätte ich keine Chance zu fliehen. Ich muss Hanebuth vertrauen, er gilt auch als Mann, der seine Versprechen hält.

Nach ein bisschen Vorgeplänkel beginne ich mit dem geschäftlichen Teil. »Ich habe in meinem Hamburger Club eine Partnerschaft mit Rot-Weiß. Wir hatten in den letzten Monaten aber unterschiedliche Auffassungen darüber, wie der Club zu führen ist«, sage ich.

Hanebuth ist wohlinformiert. Er nennt den Namen »Tropicana«, gibt sich kooperativ, sagt, dass sich die Differenzen um den Laden leicht aus dem Weg räumen lassen. Der Chef der Hells Angels mustert mich durchdringend. Sein Blick scheint lesen zu können, was hinter meiner Stirn vorgeht. Er würde jede Lüge erkennen, jede Unsicherheit sofort wittern. Gleichzeitig lassen seine Augen, seine Mimik nicht erkennen, was er denkt.

»Was ist mit Musa?«, fragt er mich.

Ich sage: »Musa fühlt sich hintergangen. Seine ehemaligen Partner verdienen viel Geld mit seinen Bordellen. Er will daran beteiligt werden.«

Hanebuth nickt. Er streicht mit der rechten Hand über seinen Mongolenbart. »Wir würden keinem Mann etwas vorenthalten, was ihm zusteht.« Es gäbe nur unterschiedliche Ansichten darüber, ob die Forderungen berechtigt sind.

»Wir wollen ein Treffen. Mit den Albanern und den Hells Angels. Wir wollen verhandeln«, fahre ich fort.

Hanebuth antwortet, dass sich die Hells Angels einem Gespräch nicht verweigern würden. Er schlägt daher ein Gespräch auf neutralem Boden vor, in einem Club in Bremen. Um die Mittagszeit, 14 Uhr. Er will das mit allen Beteiligten klären und dann Bescheid geben, an welchem Tag das Treffen stattfinden soll. So lange, das ist die unausgesprochene Bedingung, muss Ruhe herrschen.

Es ist alles gesagt, wir schütteln uns die Hände.

Ich atme tief durch, als ich das Steintorviertel verlassen habe.

Als ich Türken-Musa von meinem Treffen mit Hanebuth erzähle, sehe ich keine Begeisterung in seinem Gesicht. Er reagiert überhaupt nicht darauf, dass seine Feinde bereit sind zu verhandeln.

Ich sage zu ihm: »Musa, was ist los? Genau das wolltest du doch! Die wollen dich treffen, sie werden dir ein Angebot machen.«

»Ja, wir werden sehen«, erwidert Musa. Das ist alles, was ich von ihm zu der Sache höre.

In diesem Moment glaube ich verstanden zu haben, wie Musa tickt. Er will Krieg. Er will sein Geld nicht durch Verhandlungen bekommen. Er will es sich aus den Händen seiner toten Feinde holen. Kein Deal. Sein Stolz ist gekränkt. Er will Rache.

Ein paar Tage später lässt mir Frank Hanebuth ausrichten, dass sich unsere Abmachung ja dann wohl erledigt hätte und er davon ausginge, dass auch auf unserer Seite kein Bedarf mehr an einem Treffen bestünde. Die Nachricht kommt nicht unerwartet, denn am Tag zuvor wurde in Hamburg scharf geschossen, an der Tankstelle am Hammer Deich.

ESKALATION

»Es waren Szenen wie aus einem Gangsterfilm: Am späten Samstagabend kam es auf der Hamburger Rotlichtmeile Süderstraße an einer Tankstelle zu einem Schusswechsel. Der polizeibekannte Kickboxer Ismail Ö. wurde von mehreren maskierten Männern attackiert. Zuerst gab es nur Schläge, dann fielen Schüsse – die den 28-Jährigen trafen. Die Tankstellen-Attacke war offenbar eine gezielte Racheaktion in einem Zuhälterkrieg.«

RTL Nord, 17.3.2008

Samstagabend, 22.30 Uhr. Die zehn Männer tragen Sturmmasken, sie sind ganz in Schwarz gekleidet, als seien sie Mitglieder einer Spezialeinheit. Im Laufschritt stürmen sie auf die Tankstelle am Hammer Deich.

Die Gegend ist Hells-Angels-Gebiet. Parallel zum Hammer Deich verläuft die Süderstraße. Der Straßenstrich ist vor allem bei Truckern beliebt. Denn hier fahren sie vorbei, wenn sie Ladung im Hamburger Hafen aufgenommen haben. Vor der tagelangen Fahrt durch Europa entspannen sich viele gerne noch mal.

An der Tankstelle steht Ismail. Er ist gerade aus seinem Auto ausgestiegen, als er die Männer auf sich zulaufen sieht. Ismail gilt als einer von Musas Männern. Er befindet sich also sozusagen auf Feindesland. Man kann es aber auch so sehen: Vor den Hells Angels hatte hier Musa das Sagen, der den Höllenengeln das Gebiet nur zur Verwaltung überlassen hat. Warum sollten sich seine Leute an die Gesetze der Motorradfahrer halten, die sich als die neuen Herren aufspielen?

Die Maskierten sehen das aber offenbar anders.

Ismail versucht zu fliehen, aber die Männer reißen ihn zu Boden, prügeln mit Schlagstöcken und Baseballschlägern auf ihn ein. 20 Schüsse fallen, das Sturmkommando ist mit einer Uzi-Maschinenpistole, Revolvern und Pistolen der Marken Glock und Norinco bewaffnet. Einer von ihnen schießt Ismail ins Knie.

Der Schuss ins Knie gilt als die letzte Warnung im Milieu.

Ismail rettet sich blutend in den Tankstellen-Shop, der Verkäufer der Nachtschicht ist hinter seinem Tresen in Deckung gegangen.

Zufällig ist eine Polizeistreife in der Nähe. Die Beamten hören die Schüsse, rasen zur Tankstelle. Ohne allzu viel Hektik ziehen sich die Maskierten nun im geordneten Laufschritt zurück.

»Stehen bleiben!«, ruft einer der Polizisten mit gezogener Dienstwaffe, die lächerlich klein wirkt gegen die Waffen der Maskenmänner.

Einer von ihnen bleibt tatsächlich stehen und schießt in die Luft. Die Polizisten suchen Deckung. Dann wirft der Mann seine Waffe weg und verschränkt die Hände hinter seinem Kopf. Da steht er, bewegungslos wie eine Eiche. Die beiden Polizisten, einen guten Kopf kleiner als er, nehmen ihn hektisch fest. Derweil ist der Rest der Gruppe über alle Berge.

Den Fluchtwagen, einen Mercedes 500 SL, finden die Polizisten dann im Parkhaus unter dem Eros-Center an der Reeperbahn. Ein Laufhaus, in dem das Wort der Hells Angels gilt.

Bis heute ist unklar, was Ismail an der Tankstelle gesucht hat. Es gibt Gerüchte, dass er von Türken Musa geschickt wurde, damit er den Bordellchefs Musas Forderungen ausrichtet. Die hatten dann aber keine Lust zu reden, alarmierten lieber die Hells Angels. Eine andere Version besagt, dass sich Türken Musas Jungs einfach zu oft am Hammer Deich sehen ließen – und so jede diplomatische Lösung des Konflikts unmöglich machten.

Die martialische Aktion macht die Öffentlichkeit darauf aufmerksam, dass die Ruhe im Hamburger Rotlichtmilieu vorbei ist. Die Hamburger Presse schreibt jetzt von »Rotlichtkrieg«. Schnell recherchieren die Journalisten, wer in diesem Krieg kämpft: die Machthaber im Hamburger Rotlichtmilieu, Hells Angels und Albaner, gegen Türken-Musa, den alten Boss, der seine Macht zurückholen will.

Aber auch das Rotlicht leidet. Die Huren auf der Süderstraße wollen nicht mehr arbeiten. Sie fürchten, dass es in den nächsten Wochen hier noch öfter knallt. Die Hells Angels bringen daher Prostituierte aus anderen Städten, denn das Geschäft soll weitergehen.

Wenig später knallt es an einer Tankstelle in der Innenstadt, wieder fallen Schüsse. Unter dem öffentlichen Druck gründet die Hamburger Polizei die SoKo »Rotlicht«. Das Milieu steht jetzt unter verstärkter Bewachung. Bisher galt: Die Polizei mischt sich möglichst wenig ein, das Rotlicht reguliert sich selbst, doch jetzt wurden Bordelle durchsucht und Zuhälter verhaftet.

Für die Hells Angels bin ich als Partner von Türken-Musa nun ein ernst zu nehmender Gegner. Deswegen ist mein Leben noch mehr in Gefahr als zuvor. Manch einer im Milieu flucht darüber, dass weder der Killertrupp in der »Mokka-Bar« noch Knochenbrecher-Marcel einen guten Job gemacht haben.

DER MÖRDER AUF MEINEM BEIFAHRERSITZ

»Gianni, 30, hatte offenbar Besuch vom Killer aus dem Kosovo. Er spürt, es wird langsam ernst.«

Stern, 23.10.2008, »Totgeglaubte leben länger«

Seit ich Musas Partner bin, spüre ich ganz Hamburg in meinem Nacken. Die Stadt will mich umbringen. Ich fühle mich von Feinden umgeben.

Ich achte auf die Autos im Rückspiegel, merke mir, wer länger hinter mir herfährt. Verabredungen treffe ich nur noch kurzfristig, wechsele regelmäßig mein Auto.

Ich weiß nicht, was meine Feinde planen. Nur eines weiß ich: Die Hells Angels haben einmal versucht, mich zu töten. Sie werden es wieder tun.

Ich schlafe meist im Hotel, immer nur ein paar Stunden. Wenn ich in meine Wohnung gehe, lasse ich das Licht aus. Dann lege ich mich auch nicht in mein Bett, sondern auf die Couch. Wenn das Rollkommando kommt, wird es ganz schnell gehen: Sie treten die Tür ein, laufen ins Schlafzimmer, ballern aufs Bett. Sie werden versuchen, es so zu machen, dass ich gar nicht mehr aufwache. Aber mein Bett wird leer sein. Und wenn es so läuft, wie ich es geplant habe, werde ich dann hinter ihnen stehen.

Wer nicht schlafen darf, braucht Kokain. Ich bin daher die meiste Zeit drauf. Das Koks kaufe ich bei Pasha. Er hat ein Internetcafé in St. Georg, dem Hamburger Bahnhofsviertel.

Ich parke meinen Landrover zwei Straßen von Pashas Laden entfernt, in einer Wohnstraße, in der es nur einen Bäcker gibt, der jetzt, am Nachmittag, schon geschlossen ist. Damit keiner meinen Wagen zufällig erkennt und sich zusammenreimen kann, wo ich bin.

Ich gehe ein paar Hundert Meter durch St. Georg. Die »Lange Reihe« entlang, hier hat sich das Viertel herausgeputzt. Schicke Cafés, Boutiquen, Schwulenbars. Die Preise für Wohnungen ziehen ordentlich an. Aber es gibt immer noch den Steindamm, den Hansaplatz und die Seitenstraßen, wo alles beim Alten ist. Mit Pornokinos, Straßenstrich, Alkis, Junkies. Nur den Kinderstrich gibt es nicht mehr. Die Ausreißer-Mädchen hängen jetzt im Hauptbahnhof vor McDonald's rum. Mit den Freiern verabreden sie sich mittlerweile per SMS.

Unnötig zu sagen, dass Pashas Internetcafé zum alten St. Georg gehört.

Als ich Pashas Laden betrete, stelle ich mit Freude fest, dass keine Kunden da sind. Die Türen der Kabinen mit den Telefonen und Bildschirmen stehen alle offen. In den Kabinen befinden sich Taschentuch-Spender. Falls die Kundschaft zu den Internetpornos wichsen möchte.

Pasha ist Pakistani. Er thront hinter seinem Tresen, hinter seiner Kasse. Ein kleiner Mann, dürr, vor sich eine Dose Red Bull. Es riecht nach kaltem Zigarettenrauch, der sich mit dem Plastikgestank der warmen Bildschirme mischt. Ich bekomme sofort Kopfschmerzen.

»Gianni, wie geht's?«, fragt Pasha zur Begrüßung und grinst verlogen.

Er weiß natürlich genau, wie es mir geht, denn meine Probleme haben sich gewiss bis zu ihm herumgesprochen.

Nicht provozieren lassen!

»Passt schon. Ich habe ein paar Konflikte mit Geschäftspartnern. Nicht der Rede wert …«

Ein Typ kommt herein, Pasha nickt ihm zu, es ist ein unverbindliches Nicken, scheint ein Stammkunde zu sein. Ich registriere den Typen nur aus den Augenwinkeln, habe ihn noch nie gesehen, er ist groß, schlank, dunkler Teint, zurückgegelte Haare. Vielleicht ein Portugiese. Der Typ verdrückt sich in eine der Telefonkabinen.

»Läuft der Club?«, fragt Pasha, die scheinheilige Ratte, weiter.

»Wird bald noch besser. Musa kommt zurück nach Hamburg, vielleicht machen wir was zusammen.«

»Soso, der Musa, na, der kann sicher helfen.« Pashas Stimme wirkt plötzlich kalt, sein Lächeln wird schief. Den Namen Musa hört er wohl nicht gern, das hellt meine Stimmung wieder auf.

Das Gelaber zieht sich in die Länge. Ich mache mit, obwohl ich eigentlich keine Zeit zu verlieren habe. Ich bleibe ungern länger an einem Ort. Ich lausche den Autos, die draußen vorbeifahren, spiele durch, was passieren könnte, wenn eines anhält, die Tür auffliegt …

Mein Gefühl sagt mir, dass ich abhauen sollte, aber ich bleibe sitzen. Die Kopfschmerzen stecken zwischen Schläfe und Stirn. Ich müsste dringend pennen. Und ich bin gierig auf den Stoff.

Endlich holt Pasha seinen Geldbeutel heraus. Zwischen den Scheinen zieht er ein Briefchen hervor. Schön sauber gefaltet, weißes Papier. Er öffnet es, das Koks rieselt auf den Schreibtisch. Draußen hupen zwei Autos.

Pasha zieht dann eine Show ab. Er hackt mit einer EC-Karte der Hamburger Sparkasse auf dem Häufchen Koks herum, zieht eine schöne lange Linie, teilt sie in der Mitte. Aber dann schiebt er das Koks wieder zusammen, hackt wieder darauf herum. Dann teilt der das Häufchen erneut. Was macht er so lange? Arbeitet er an seinem Meisterstück, will er seine schönste Line auf den schmutzigen Tresen ziehen?

Endlich reicht er mir ein kleines, silbernes Röhrchen. Ich beuge mich über den Tisch, ziehe das Kokain in die Nase. Ich bekomme das taube Gefühl in den Nebenhöhlen, merke, wie es mir besser geht, wie ich wacher werde. Ich denke über Pashas Reaktion auf Musas Namen nach. Dass die Hells Angels und Albaner keinen Bock haben, dass er wieder mitmischt, habe ich kapiert.

Aber was hat ein kleiner Dealer wie Pasha von Musa zu befürchten?

»Das ist Andrew, ein Freund. Er ist ein paar Tage in Hamburg.« Pasha reißt mich aus meinen Gedanken. Neben ihm steht der Typ mit den Gelhaaren, er ist aus seiner Telefonkabine gekommen. Jetzt ist er also ein guter Freund. Aber warum kokst er dann nicht mit? Wir geben uns die Hand.

»Andrew ist eine große Nummer in Italien«, erklärt Pasha.

Ich schaue mir Andrew genauer an. Er sieht aus wie ein Fußballer. Frauentyp.

»Was macht er denn?«

»Er hat da mehrere Clubs. Er hat auch ein paar Frauen mit in Hamburg dabei, sucht einen Ort, wo er die unterstellen kann. Wär das nicht was für dich?«

Ich darf jetzt nicht zeigen, dass ich dringend Mädels brauche. Dass ein paar Frauen aus Bella Italia mich vom Strick schneiden könnten. Nur nicht aufgeregt werden. Das verdirbt den Preis. Ich mache eine ausladende Handbewegung.

»An Frauen, die gut arbeiten und Geld verdienen wollen, habe ich immer Interesse. Wie sehen die denn aus?«

Derzeit würde ich jede Frau nehmen. Hauptsache, sie hat zwei Beine, die sie breit machen kann.

»*Three girls. One from Italy, two from Poland*«, sagt Andrew. Er hat eine seltsam hohe Stimme, wie eine Frau, eher wie ein Mädchen. So gut er aussehen mag – sein Stimmchen wird ihm sicher schon manchen Fick verdorben haben.

»Zeig ihm doch mal deinen Club, vielleicht kommt ihr ins Geschäft.«

»Ja, können wir machen, ich habe etwas Zeit«, sage ich. Eine Italienerin und zwei Polinnen. Ich rechne mir schon durch, was drei neue Frauen an Umsatz für das »Tropicana« bedeuten können.

Wir nehmen noch eine Nase, dann gibt er mir ein paar Briefchen und ich bezahle.

Der Italiener begleitet mich zu meinem Landrover. Er hat einen Stoffbeutel dabei.

Auf dem Weg frage ich ihn: »*Ti piace Hamburgo?*« Ich spreche etwas Italienisch.

Er antwortet, aber der Akzent ist so breit, dass sogar ich erkenne, dass das nicht seine Muttersprache ist. »*È la prima volta qui?*«, setze ich nach. Diesmal antwortet er auf Englisch.

Warum verkauft mir Pasha den Typen als Italiener? Aber ich schiebe den Gedanken weg. Ich denke nur noch an die Italienerin und ihre beiden polnischen Freundinnen. Deren Akzent ist mir egal.

Wir fahren ein bisschen durch Hamburg. Auf der Wandsbeker Chaussee fällt mir ein grauer BMW im Rückspiegel auf. Am Lenkrad sitzt ein Glatzkopf. Ich fahre schneller, ziehe auf die linke Spur. Der BMW bleibt dran. Die Sonne knallt aufs Auto.

Ich entdecke eine Tankstelle, das trifft sich gut, denn ich muss sowieso tanken. In letzter Sekunde ziehe ich über die rechte Spur rüber zur Tankstellenauffahrt. Hupkonzert.

Auf der Einfahrt der Tanke steht ein Opel, obwohl alle Zapfsäulen frei sind, der Fahrer kann sich wohl nicht entscheiden, welche er nehmen soll. Ich steige auf die Bremse, fast wäre ich ihm reingefahren. Andrew ist nicht angeschnallt, sein Oberkörper wird nach vorne geworfen und er stützt sich mit beiden Händen am Armaturenbrett ab.

»Sorry«, sage ich. Ich sehe, wie der BMW mit dem Glatzkopf vorbeifährt. Zufrieden lasse ich den Wagen zur nächsten Zapfsäule rollen. Dann steige ich aus, stecke die Tankpistole in den Tank, werfe einen Blick durch die Scheibe und sehe, dass Andrew in seinem Beutel kramt. Da sind mehrere Handys drin, mindestens zehn Stück. Alte Knochen, Wegwerfhandys. Auf dem, das er herausfischt, klebt hinten ein Zettel, auf den er mit Edding die Handynummer gekritzelt ist.

Er wechselt seine Handys so oft, dass er sich die Nummern nicht merken kann. Will nicht geortet werden. Ziemlich vorsichtig für einen einfachen Zuhälter.

Als ich fast an der Tür des Tankstellen-Shops bin, drehe ich mich um. Wieder kramt er in seinem Stoffbeutel. Jetzt will ich wissen, was er macht.

Ich renne auf meinen Landrover zu, Andrew scheint beschäftigt, seine Unaufmerksamkeit will ich ausnutzen.

Dann sehe ich, was er macht: Er wischt mit einem Baumwolllappen am Armaturenbrett herum. Da, wo er hingefasst hat, als ich bremsen musste.

Keine Fingerabdrücke.

Ich klatsche mit der flachen Hand auf die Beifahrerscheibe. Andrew zuckt nicht einmal zusammen, steckt das Tuch elegant zurück in seine

Tasche, als ob nichts gewesen wäre. Dann lässt er die Fensterscheibe herunter.

»*You need something from the shop? Cigarettes?*«, frage ich ihn.

»*No, thanks*«, antwortet Andrew. Er entblößt seine Zähne. Haifischlächeln.

Im Shop stecke ich 1 Euro in den Kaffeeautomaten. Schlürfendes Geräusch, die schwarze Flüssigkeit tropft in den braunen Becher aus dünnem Plastik.

Ich schütte den Kaffee herunter, er ist viel zu heiß, meine Zunge, meine Kehle brennt, ich spüre die Fetzen an meinem verbrühten Gaumen.

Aber durch den Schmerz werde ich klarer.

Erst Marcel. Dann die »Mokka-Bar«. Jetzt der Typ in meinem Auto. *Der bringt dich um, ist extra dafür eingekauft. Der ist wieder raus aus Deutschland, bevor deine Leiche gefunden wird.*

Im ersten Moment will ich nicht zurück in den Landrover. Aber ich kann den Typen ja schlecht mit meinem Auto an der Tanke lassen. Ich muss eine Möglichkeit finden, ihn elegant loszuwerden. Also gehe ich zurück zum Auto und steige ein.

Ich fahre jetzt meinen Mörder durch den Hamburger Feierabendverkehr. Andrew hält seine Hände im Schoß gefaltet. Er fasst nichts an, denke ich, er wird nirgendwo seine Fingerabdrücke hinterlassen. Deswegen ist er auch nicht angeschnallt.

Einige Zeit fahren wir schweigend dahin. Mir fällt nicht ein, was ich sagen könnte – dabei weiß ich, dass ich das Gespräch weiterführen muss, als wäre nichts gewesen. Sonst merkt der Killer, dass ich etwas mitbekommen habe.

Zum Glück fängt dann Andrew an. Er erzählt mir, dass er beim Sport war, eigentlich eine Dusche bräuchte. Und dass er noch keinen Platz hat, wo er heute Nacht schlafen kann, ob er nicht bei mir pennen könnte.

Es ist durchaus üblich, Geschäftspartner bei sich zu beherbergen. Denn es gibt genug Gründe, warum man als Geschäftsreisender in unserem Metier keinen Bock darauf hat, in einer fremden Stadt ins Hotel zu gehen. Hotels bedeuten: Zeugen. Im Hotel gibt es die Dame an der Rezeption, die vor Gericht aussagen kann, wie lange jemand in der Stadt war, wann er das Hotel verlassen hat, wann er zurückgekommen bist. Es gibt die Zimmermädchen, die an die Sachen im Zimmer können. Im Hotel muss man seine Personalien angeben, man weiß nie, ob da kurz vorher ein Fax von der Polizei angekommen ist, damit das Personal besonders auf einen achtet. Das braucht niemand. Goldene Regel: Habe in einer fremden Stadt möglichst wenig Kontakt mit Leuten, die nicht aus dem Milieu sind. Denn Menschen aus dem Milieu werden vor Gericht niemals gegen dich aussagen.

Also antworte ich Andrew: »*No Problem.*« Obwohl ich natürlich nicht so wahnsinnig bin, ihn in meine Wohnung zu lassen.

Aber immerhin glaube ich jetzt, seinen Plan zu kennen. Er will es sich bei mir gemütlich machen, und wenn ich schlafe, wird er mich umbringen. Dann raus aus der Wohnung, zurück nach Italien oder wohin auch immer. Es würde sicher ein paar Tage dauern, bis sich die Nachbarn über den Gestank beschweren …

Wir fahren vor dem Saunaclub »Tropicana« vor. Mark, mein Wirtschafter, macht uns auf.

Ich führe Andrew durch die Räume, zeige ihm die Zimmer, den Whirlpool, Andrew tut beeindruckt. Schließlich sage ich ihm, er solle sich an die Bar setzen, ich müsse kurz telefonieren.

Dann nehme ich Mark beiseite. »Sag ihm, ich musste weg. Krankheitsfall in der Familie. Er soll im ›Etap‹-Hotel schlafen. Reservier ihm da ein Zimmer!«, weise ich Mark an.

Dann laufe ich raus aus dem Saunaclub, zu meinem Landrover. Ich trete aufs Gas. Auf der Ahrensburger Straße ist der BMW mit dem Glatzkopf schon wieder hinter mir.

Mittlerweile ist es dunkel geworden, aber ich mache das Licht nicht an. Ich biege von der Ahrensburger Straße ab, fahre im Zickzack durch die Seitenstraßen. Eine halbe Stunde lang, irgendwann weiß ich selbst nicht mehr, wo genau ich bin. Aber den BMW habe ich abgehängt.

Mein Blick fällt auf den Stoffbeutel im Fußraum des Beifahrersitzes. Andrew hat sein Gepäck vergessen. Also lenke ich das Auto auf den nächsten Parkplatz und durchwühle die Tasche. Unter den Handys sind ein Hemd und eine kurze Hose. Zum Wechseln. Ein Handtuch, klatschnass. Und eine Flasche Shampoo. Ich mache sie auf, aber da ist kein Shampoo drin, die Flüssigkeit riecht nach Jod.

Es ist Seifenlauge, gemischt mit Jod. Damit kriegt man Schmauchspuren ab. Und Blut.

Ich fahre weiter. Mein Handy klingelt, ich sehe Pashas Nummer. Die Ratte, was haben sie ihm dafür wohl bezahlt? Ich drücke ihn weg.

Er wird den Hells Angels einiges erklären müssen. Oder den Albanern. Wahrscheinlich lutscht er einem zur Wiedergutmachung gerade den Schwanz. Als Nächstes rufe ich Musa an, erzähle ihm von dem Italiener, von den Wechselklamotten, von den Handys.

»Du kokst zu viel«, meint Musa, »du musst etwas gegen deinen Verfolgungswahn tun.« Und legt auf.

Hat Musa vielleicht recht? Er war beim Sport, hatte Andrew gesagt. Deswegen Handtuch, Shampoo, Wechselklamotten?

Wieder klingelt das Handy. Pasha. Ich bin kurz davor ranzugehen, tue es schließlich aber doch nicht.

Ich fahre die ganze Nacht durch. Es wird Sonntag, ich fahre weiter, gönne mir höchstens mal eine Dreiviertelstunde, in der ich in einer Seitenstraße parke. Das Koks von Pasha ist beinahe wieder verbraucht.

Ich rufe im »Etap«-Hotel an, Andrew hat nicht eingecheckt. Ich fahre weiter, kreuz und quer durch Hamburg. Es wird Abend, Nacht, Morgen. Ich habe keinen Plan.

Am Montagmittag klingelt mein Handy. Unterdrückte Nummer. Reflexartig will ich den Anrufer wegdrücken, dann gehe ich doch ran.

»Bergmann vom LKA. Wir wollen mit Ihnen sprechen. Können Sie vorbeikommen?«

In meinem Metier tut man gut daran, nicht zur Polizei zu gehen, bis einen ein Richter vorlädt.

»Viel zu tun, danke, aber keine Zeit.«

Meistens kommt dann irgendeine Litanei, dass sie auch gerne im Club vorbeikommen könnten, was natürlich für größeres Aufsehen sorgen würde und Kundschaft verschrecken könnte. In irgendeinem

Polizeihandbuch steht wohl, dass die Nummer bei Bordellbesitzern zieht.

Aber diesmal sagt der Beamte: »Sie haben eine Bekanntschaft gemacht, über die wir mit Ihnen reden wollen.«

Sie wissen von Andrew. Verdammt, woher?

»Vielleicht wäre es für Sie sicherer, wenn Sie sich mit uns unterhalten würden.«

»Ich überlege es mir«, antworte ich und lege auf.

Ich telefoniere mit einem Journalisten, der etwas für mich tun soll. Kurz umreiße ich meine Situation. Seine Kontakte bei der Polizei sollen mal klären, was genau abläuft.

Am nächsten Tag habe ich dann die Ergebnisse. Die Hells Angels und die Albaner haben zusammengelegt. Zwei Killer aus dem Kosovo, einer für mich, einer für Musa. Damit alles sauberer abläuft als beim letzten Mal.

Aber die Polizei weiß davon, jemand hat geplaudert oder ein Telefon benutzt, das nicht sauber ist. Es hat schon Razzien gegeben, drei Wohnungen, in denen die Killer untergebracht waren. Alle fand die Polizei leer und besenrein vor. Sie haben keinen Namen, keine Beschreibung. Sie wissen nur: Zwei Killer sind in der Stadt, die zu Musa und Gianni wollen. Und wenn sie erfolgreich sind, wird die Presse wieder schreiben, dass die Polizei das Milieu einfach nicht in den Griff bekommt.

Also fahre ich zum LKA.

Ich beginne das Gespräch, wie ich fast jedes Gespräch mit einem Polizisten beginne: »Ich weiß nicht, was Sie von mir wollen.«

Mein Gegenüber ist ein im Dienst ergrauter Beamter. Er schaut mich fast gütig an, als er sagt: »Sie haben sich Feinde gemacht, die Sie tot sehen wollen.«

»Das bleibt nicht aus.«

»Ein Mann, den sie bisher nicht kannten, hat in den letzten Tagen Kontakt mit Ihnen aufgenommen …«

»Er ist geschäftlich in der Stadt. Ein Freund hat uns vorgestellt. Er macht einen vernünftigen Eindruck.«

»Wissen Sie, wo er jetzt ist?«

»Nein.«

»Er stellt eine Gefahr für Sie da.«

In diesem Moment weiß ich, dass der Journalist recht hatte. Ich stehe auf, gehe zur Tür. Dann drehe ich mich noch einmal um.

»Passen Sie gut auf sich auf«, sagt der Polizist zum Abschied.

Ich grinse.

»Das machen Sie doch schon für mich.«

Ich fahre meinen Landrover langsam vom Parkplatz, schaue nicht in den Rückspiegel. Mir ist klar, dass ich verfolgt werde, dieses Mal von einem Zivilpolizisten.

Wieder klingelt das Handy. Ich gehe dran.

»Bist du verrückt geworden, Gianni?«, schreit mich Pasha an.

»Was ist los?«

»Andrew ist auf 180. Warum lässt du den in deinem Club stehen?« Ich höre den Hall, Pasha hat offenbar die Freisprechanlage an. Ich kann mir denken, wer mithört.

»Reg dich ab, ich hatte was Privates zu erledigen.«

»Andrew hockt bei mir, der braucht seine Tasche wieder. Der will weg aus Hamburg.« Ich höre Panik in Pashas Stimme.

Dieses Mal parke ich direkt vor seinem Laden. Ich steige aus, den Stoffbeutel in der Hand. Andrew kommt aus dem Laden. Er sieht sauer aus.

Doch bevor er etwas sagen kann, kommen zwei Männer um die Ecke. Der eine Zivilfahnder kontrolliert mein Auto, der andere nimmt Andrews Personalien auf.

Andrew scheint tatsächlich saubere Papiere zu haben, jedenfalls darf er mit seinem Stoffbeutel gehen. Er bleibt aber unter Beobachtung. Zwei Tage später wird er festgenommen, das erfahre ich aber erst Wochen später.

Ich feiere den Sieg auf meine Weise. Denn ein paar Wochen später erscheint im *Stern* ein Artikel. Musa und ich haben uns lange mit dem Journalisten unterhalten. Der Artikel ist so etwas wie unsere offizielle

Kriegserklärung. Musa nennt unsere Gegner in dem Artikel »Bettnässer«, »Stricher«, »Lügenbarone«. Atemlos beschreibt der *Stern*, wie wenig es uns kratzt, dass sie uns umbringen wollen: »Über den Killer auf Giannis Beifahrersitz kann (Musa) nur spotten: ›Wenn die mich umlegen wollen, müssen sie sich ganz hinten anstellen. Das wollen viele.‹ Auch wenn sie noch mehr Mörder vom Balkan anheuern, er ist sich sicher: ›Die schlafen gerade unruhiger als ich.‹«

Mich zitiert der *Stern* so: »Ganz ehrlich, eigentlich macht mir das Spaß. Aber es wär echt besser, es geht offen los.«

Als finale Demütigung schenkt Musa seinem alten Partner Frank von den Hells Angels noch einen ein. Der *Stern* schreibt: »Für Türken-Musa ist das alles ganz einfach: Frank ist mit den Albanern ins Bett gestiegen, und für ihn ist klar, wer oben liegt: ›Die Albaner sind die Bosse, und an die werde ich mich halten.‹«

Damit gibt Musa die Hamburger Hells Angels dem Gespött preis.

Die Hells Angels, diese Rassisten, die seit ihrer Gründung keinen Bock auf Migranten in ihren eigenen Reihen haben. Wie klein die Lichter der Herrenrasse in Hamburg doch sind. Nicht nur, dass sie sich Hilfe von den Albanern holen müssen. Sie lassen sich richtig schön von denen ficken. Kampflos haben sie den Migrantenkindern ihre Bordelle gegeben.

Mehr Öl kann man nicht ins Feuer gießen. Wenn es denn schon knallen soll, dann richtig.

Musa und ich trommeln für unser nächstes großes Projekt.

WER IM KRIEG IST, KANN KEINE GESCHÄFTE MACHEN

»Nach Berichten der Welt *und der* Hamburger Morgenpost *plant die der Hamburger Polizei einschlägig bekannte Rotlichtgröße Jan ›Gianni‹ Sander ein Erotik-Center in Wandsbek. (…) Nach Zeitungsangaben befürchtet die Hamburger Polizei einen Milieukrieg. (…) Geht die Bezirksamtsleitung davon aus, dass das Ausmaß der Gewaltkriminalität in Wandsbek durch die Einrichtung eines ›Mega-Puffs‹ beeinflusst werden könnte?«*

Aus einer Anfrage des SPD-Abgeordneten Rainer Schünemann an die Bezirksamtsleitung, 28.10.2008

Die Handschellen klicken am Steindamm in St. Georg. Ich komme aus meinem Fitnessstudio, denke mir nichts Böses, da drücken mich vier Polizisten auf den Gehweg. Gleichzeitig durchsuchen 24 bewaffnete Polizisten meine Wohnung, den Saunaclub und ein Zimmer, das ich im »Etap«-Hotel angemietet habe.

Wohnung und Club sind sauber. In meinem Hotelzimmer finden sie leider etwas. Im Schrank neben dem Bett liegt eine halbautomatische Pistole, Kaliber 9 Millimeter. Hersteller Norinco aus China. Sie ist mit acht Patronen geladen. Es ist eine registrierte Waffe, sie stammt aus einem Container, der im Jahr 2001 im Hafen verschwunden ist. Außerdem liegen ein paar Rauchbomben im Zimmer.

Jeder Polizist weiß, dass ich mich schützen muss. Trotzdem bringen sie mich ins Untersuchungsgefängnis. Ich lasse die Durchsuchung über mich ergehen, die erkennungsdienstliche Behandlung. Dann stelle ich mich in der Zelle auf einen Stuhl und schaue auf Planten un Blomen,

Hamburgs schönsten Park, der sich gemeinerweise ausgerechnet vor dem Untersuchungsgefängnis erstreckt.

Am nächsten Morgen kommt, wie ich es erwartet habe, der Schließer und sagt: »Sie können gehen.«

Kaum schalte ich draußen mein Handy ein, klingelt es auch schon. Ein Reporter. »Ja, bin wieder draußen. Nicht der Rede wert. Mich hat wohl eine Ex verpfiffen.«

Ich gehe davon aus, dass mich einer meiner Gegner verpfiffen hat. Sie wollen mich von der Straße haben, denn der Rotlichtkrieg hat eine neue Eskalationsstufe erreicht. Und wenn einer aus dem Milieu zur Polizei rennt, muss er wirklich Angst haben.

Schon seit ein paar Wochen ist im Milieu bekannt, dass Albaner und Hells Angels ein neues Großbordell planen. Der Mega-Puff soll weit entfernt von der Reeperbahn Platz für 130 Frauen bieten. Ein solches Bordell wird Albanern und Hells Angels ein regelmäßiges gutes Einkommen garantieren. Und ihre Macht im Milieu zementieren.

Ich will, ich muss also nachziehen. Mein Plan: eines der größten Bordelle in Deutschland. 300 Frauen sollen hier arbeiten können. Ich will in einem Haus einen VIP-Club, eine Tabledance-Bar, ein Laufhaus und viele Apartments anbieten. Als Highlight soll rund um das Gelände ein künstlicher Strand mit Plastikpalmen entstehen, unter dem die Frauen flanieren. Der Name meines Traum-Bordells: »Tropicana Islands«.

Ich will das Projekt aber nicht in einem der Rotlichtviertel hochziehen. Das Ziel ist, dass die Menschen nicht mehr nach Hamburg reisen, um die Reeperbahn zu besuchen, sondern weil sie ins »Tropicana Islands« wollen.

Limousinenservice vom Flughafen, Deals mit den umliegenden Hotels und ein sauberes Image – das soll die Reichen in den Club locken. Im »Tropicana Island« soll keiner Angst haben, abgezockt zu werden. Die Zeit ist reif für ein solches Projekt. Denn die Umsätze auf der Reeperbahn sind seit Jahren im freien Fall. Wer nackte Frauen sehen will, geht ins Internet. Wer ficken will, geht in eines der Wohnungsbordelle.

Aber was ist mit den Menschen, die ein Bordell mit Stil suchen? Die eine gute Zeit verbringen wollen, mit schönen Frauen, in gutem Ambiente?

Wer früher ins Bordell ging, kaufte einen Traum ein. Er ging zu einer Party, bei der jede Frau im Raum mit ihm ins Bett wollte. Es gibt, da gehe ich jede Wette ein, keinen Mann auf der Welt, den das nicht reizt.

Es spricht nichts dagegen, in ein Bordell zu gehen. Wenn man es mit Stil macht. Wenn dir der Sex nur 30 Euro wert ist, bist du ein Frauenverachter. Da bin ich ganz auf der Seite von Alice Schwarzer. Im Übrigen: sich zu einem Internetporno hastig einen herunterholen, während die Ehefrau einkaufen ist – das ist das Erbärmlichste.

So viele Künstler fanden ihre Musen im Bordell. Ich habe aber noch nie von einem Künstler gehört, der seine Inspiration aus dem Wichsen zu Internetpornos gezogen hat.

Meine Wahl für den Standort des »Tropicana Islands« fällt auf Wandsbek, in der Nähe meines Saunaclubs. Am Friedrich-Ebert-Damm ist ein ausreichend großes Areal verfügbar.

Ich übertrage meinen Saunaclub an Türken-Musa, denn ich will meine ganze Energie auf das neue Projekt verwenden.

Die letzten Wochen habe ich nach Investoren gesucht, die in das »Tropicana Islands« investieren wollen. Für einen Puff geht man natürlich nicht zu einer Bank und fragt nach einem Kredit. Investitionen ins Rotlicht sind risikoreich: Es winken riesige Renditen. Aber die Risiken haben wenig mit einem scheiternden Businessplan zu tun, sondern mit Schutzgelderpressung und Gewalt. Dem Bankberater fehlen da einfach die Instrumente der Risikobewertung.

Ich muss knapp 12 Millionen Euro auftreiben. Von Leuten, die gerne im Rotlicht investieren, vielleicht auch, weil das Geld nicht zwangsläufig durch die Bücher gehen muss.

Den größten Batzen soll ein Gastronom beisteuern. Er hat in der ganzen Welt Steak-Häuser aufgebaut. Ich erreiche ihn in Dubai, beschreibe ihm, was wir vorhaben. Er ist sofort begeistert.

Der Rotlichtkrieg, der bisher noch mit Waffen ausgefochten wurde, soll jetzt mit Beton entschieden werden.

Nachdem ich die Investoren im Boot habe, mache ich den Plan öffentlich. SAT.1 zeigt in einem Beitrag die Baupläne. Ein Vergnügungsbetrieb, bei dem Las Vegas neidisch werden könnte.

Nur leider plane ich das Ganze nicht in Las Vegas, sondern in Hamburg-Wandsbek.

Was dann passiert, habe ich nicht vorausgesehen. Die Lokalpolitiker drehen durch. Plötzlich ist der Friedrich-Ebert-Damm in Wandsbek, wohlgemerkt ein Industriegebiet, offenbar eine Perle, die durch ein Bordell verschandelt werden würde.

Die SPD beginnt mit einer regelrechten Kampagne gegen mich. Sie rücken das geplante Bordell in die Nähe der Gewaltkriminalität.

Noch heute kann man im Internet eine Rede eine SPD-Mannes nachlesen, in der er richtig mit den Emotionen der Anwohner spielt: »Wir wollen, dass Eltern im Nordstrandweg auch weiter ohne Sorgen ihre Tochter oder ihren Sohn über den Friedrich-Ebert-Damm in die Schule an der Gartenstadt in der Stephanstraße schicken können.«

Für so etwas wird man als Politiker offenbar nicht einmal ausgelacht. Welche Gefahr stellt denn bitte ein Puff für Kinder da, die auf dem Schulweg sind? Welche Nutte kommt denn auf die Idee, Minderjährige anzukobern?

Das Einzige, was passieren könnte, ist, dass ein Papa mal auf dem Heimweg bei uns einkehrt. Oder eine Mutter sich bei uns etwas dazuverdient. Geht aber beides die SPD nun wirklich überhaupt nichts an.

Mit blumigen Worten führt die SPD aus, was denn durch die Bordelle droht. Sogar die offene Drogenszene wird sich dann möglicherweise in Wandsbek ansiedeln.

Dass ich ganz in der Nähe seit Jahren den Saunaclub führe, das interessiert niemanden. Klar gab es durch den Club auch mal Stress, aber ich habe ja immer den Kopf hingehalten. Die Nachbarn haben da nie viel mitgekriegt.

Die CDU will natürlich nicht zurückstehen, beharrt darauf, dass in dem Gebiet dort nur produzierendes Gewerbe zugelassen ist, als das man einen Puff ja wohl nicht bezeichnen könne, außer ein Kondom reißt. O-Ton eines CDU-Politikers, was ja schon deutlich macht, auf welchem Niveau da diskutiert wird.

Die SPD schreibt schnell den Antrag »Bordelle in Wandsbek verhindern!«.

Gewaltkriminalität, Drogenszene, Kinder in Gefahr. Da bleibt auch der besonnenste Bürger nicht ruhig. Die Bürgerinitiative »Wandsbek wehrt sich« formiert sich.

Übrigens leide nicht nur ich unter der plötzlichen Prüderie in Wandsbek. Ein kleines, lange etabliertes Bordell mit vielleicht 30 Zimmern will zur selben Zeit im Stadtteil in ein neues Gebäude ziehen. Das ist unbürokratisch genehmigt worden und wird von der Politik dann gleich skandalisiert, dass die Zuhälter in Wandsbek Narrenfreiheit hätten.

»Automeile« nennt sich das Gebiet, in dem ich meinen Puff eröffnen will. Was edel klingt, bedeutet nur, dass sich da Autohändler an Autohändler reiht. Trotzdem findet die Politik plötzlich, dass die Straße ein Sahnestück des Bezirks ist, das durch das »Tropicana Islands« verschandelt werden würde.

Am Ende steht der Ruf von Wandsbek auf dem Spiel. Es könne doch nicht sein, findet die SPD, dass jeder, der in der Republik »Wandsbek« hört, sofort an einen Puff denkt. Dazu muss ich sagen: Immerhin wäre Wandsbek dann für irgendetwas bundesweit bekannt geworden.

Einige Monate lang köchelt so die Stimmung. Dann wird uns vonseiten der Behörde signalisiert, dass wir wohl nie die Genehmigung für den Bau, geschweige denn den Betrieb des »Tropicana Islands« bekommen werden.

Selbst wenn wir den Puff, vielleicht an anderer Stelle, gegen alle Widerstände bauen würden, stünden wir ständig unter strenger Beobachtung. Wir wären ein Puff, in dem das Ordnungsamt ein- und ausgeht. Nach Arbeitsgenehmigungen der Frauen verlangt, sich die Bücher ansieht. Die Steuer würde es besonders interessieren, welche Wege denn das Geld in unserem Club nimmt.

Nun wackeln auch die Investoren. Je mehr schlechte Presse im Umlauf ist, desto mehr schwindet der Glaube an meinen Mega-Puff.

Ob es im Hintergrund auch Druck von den Hells Angels gegeben hat, unser Projekt nicht zu finanzieren, habe ich bis heute nicht herausbekommen.

Die Albaner, das muss ich zugeben, machen ihre Sache geschickter. Bis auf 800 Unterschriften von Anwohnern regt sich kein Widerstand gegen ihr Projekt. Schon gar nicht vonseiten der Stadt. Natürlich feixen sie über unsere Probleme – und können schließlich ihren Mega-Puff bauen.

Das ist ein Nackenschlag, der uns heftig zusetzt. Aber es soll noch viel schlimmer kommen.

LOCKE

»Beim dritten Zeugen das gleiche Spiel: › Türken-Musas‹ Expartner Gianni S. verweigert die Aussage. Als ehemaliger Betreiber des › Tropicana‹ befürchte S., sich angesichts der Verbindung zu Angeklagtem und Zeugen selbst zu belasten, so dessen Anwalt. Das große Schweigen vor dem Hamburger Amtsgericht.«

Spiegel Online, 14.7.2009, »Prozess gegen Rotlichtgröße Musa A.«

Ich sitze in meiner Wohnung, surfe mit meinem Laptop im Internet, schaue mir Fitnessseiten an. Seit ich den Saunaclub nicht mehr an der Hacke habe, will ich wieder mehr trainieren. Dann sehe ich, dass ich auf »iLove« eine Nachricht bekommen habe. Bei dem Flirtportal sind viele von uns angemeldet. Die Nutten und die Zuhälter. Unser Facebook …

Die Nachricht ist von »Locke«. Sie schreibt einfach »Hi«. Im ersten Moment kann ich sie nicht einordnen, aber ihr Profilfoto gefällt mir. Dunkle, gelockte Haare, wache, blitzende Augen, Schmollmund, wie ihn die Mädels auf ihren Profilfotos gerne machen. Und sie zeigt ganz schön Ausschnitt. Also schreibe ich zurück.

Während ich mit ihr chatte, dämmert mir, woher ich sie kenne. Sie geht im »Tropicana« anschaffen, ich habe sie da ein paarmal gesehen. Sie ist mit so einem türkischen Zigeuner aus Billstedt zusammen. Mit dem, das schreibt sie dann aber ziemlich bald, ist es aus. Die Liebe hat nicht gehalten, sie ist jetzt Single und will das auch genießen.

Na, das ist ja quasi eine Einladung.

Ich lege mich also ins Zeug und flirte, schreibe über ihre Augen, ihre Locken; ja irgendwann auch über ihren Ausschnitt. Das geht ein paar Tage so, bis sie irgendwann vorschlägt: »Treffen?«

Wir gehen essen, landen dann schnell bei mir.

Sie sitzt auf mir, ihre Locken wippen durch das Auf und Ab ihrer Hüften, sie hat die Augen geschlossen, den Mund leicht geöffnet, ihre Nase glänzt vom Schweiß.

Locke wird meine nächste Freundin. Und sie soll mir auch zurück ins Milieu helfen. Meine letzte Partnerin war solide, arbeitete bei der Hamburger Sparkasse. Wer eine Beziehung zu einer Soliden hat, hat aber Schwierigkeiten, weiterhin im Milieu aktiv zu sein. Da müsste die Frau schon sehr tolerant sein.

Ich hatte mich für meine Bankkauffrau ziemlich aus dem Rotlicht verabschiedet. Ich konnte keine Mädels mehr haben, die anschaffen gehen. Und das »Tropicana« machte Musa. Ich war also quasi arbeitslos.

Aber richtig fest wäre es mit meiner Sparkassen-Frau sowieso nicht geworden. Ihre Eltern hätten mich nicht akzeptiert, weil ich Zuhälter war. Also stellte sie mich ihrer Familie gar nicht erst vor. Mir wurde das irgendwann zu bunt und so trennte ich mich von ihr.

Mit Locke an meiner Seite will ich wieder einsteigen. Im Winterhuder Weg gibt es ein Apartmenthaus, dessen Besitzer einen neuen Betreiber sucht. Das wäre doch was für mich.

Meine Idee: Musa macht das »Tropicana«, ich das Apartmenthaus, und wir helfen uns gegenseitig, wie das Partner eben so tun. Gemeinsam können wir wieder groß werden.

Also arbeitet Locke fortan im Apartmenthaus. Ziemlich erfolgreich, ich bin also offenbar nicht der Einzige, der sie niedlich findet. Ein schöner Anfang. Musa will ich das natürlich gleich sagen, aber es gelingt mir drei Tage nicht, ihn zu erreichen. Schließlich fahre ich am »Tropicana« vorbei. Als ich sehe, dass sein Auto vor dem Laden steht, gehe ich rein.

Musa ist komisch drauf, das merke ich schon bei der Begrüßung.

»Du, die Locke ist jetzt bei mir«, sage ich, »die arbeitet jetzt im Winterhuder Weg. Ich überlege mir, das Apartmenthaus da zu machen.«

Ich erwarte, dass Musa sagt, was er von der Idee hält. Dass er mir ein paar Frauen nennt, die mit zu mir kommen können. Aber er dreht völlig durch.

»Wer bist du, dass du Frauen aus meinem Club lutschst?«, schreit er.

Ich bin sprachlos. Musa setzt nach.

»Locke ist meine Alte. Sorg dafür, dass die hier wieder auftaucht.«

Ich spüre, wie mir das Blut in den Kopf schießt. Ich bin wütend wie lange nicht.

»Wie redest du mit mir?«, brülle ich. »Ich schenke dir meinen Club, stehe seit Monaten loyal an deiner Seite und du behauptest so einen Scheiß?«

Musa sagt noch etwas, aber ich höre nicht zu.

»Musa, ich gehe jetzt. Kühl du dich runter, ich kühl mich auch runter.«

Dann stampfe ich aus dem Saunaclub. Er kommt mir noch hinter-her, ruft: »Digga, komm zurück, wir reden darüber.«

Aber ich denke nicht daran. Zwei Stunden lang laufe ich durch Hamburg. Versuche, meine Gedanken zu sammeln. Sieht mich Musa jetzt als Feind?

Am nächsten Tag klingelt mein Handy. Locke ist dran, sie weint. »Musa war bei mir. Woher weiß der, wo ich arbeite?«

Ich beruhige sie, so gut es geht, und fahre zum Apartmenthaus. Als sie die Tür öffnet, sehe ich ihre vom Heulen verquollenen Augen. Sie trägt einen Bademantel, erzählt mir, dass Musa sie bedroht hätte, ihr gesagt hätte, sie dürfe nicht mehr mit mir zusammen sein und müsse zurück in den Saunaclub »Tropicana«.

Ich höre mir das alles an und bekomme ein ungutes Gefühl. Also frage ich sie: »Sag mal, Locke, wieso tickt der Musa so aus?«

Locke erstarrt. Ich scheine auf der richtigen Spur zu sein.

»Kann es sein, dass du mit dem gefickt hast? Warst du mit dem zu-sammen? Spielst du uns Männer gegeneinander aus?«

Locke bricht in Tränen aus, schwört, dass das nicht stimmt. Sie hätte da nur gearbeitet, Musa sei der Chef gewesen, sonst nichts. Frauen, die weinen, glaubt man alles. Ich denke an ihre wippenden Locken, daran, wie ihr Gesicht aussieht, wenn sie kommt …

Heute glaube ich, dass meine Vermutung stimmte. Später erzählte man mir, dass Musa der Glatze aus Billstedt sogar 10 000 Euro Ablöse für Locke gezahlt haben soll.

Mein Freund Musa ist bei mir unten durch. Und ich bei ihm. Ich habe auch keinen Laden mehr. Also packen wir unsere Sachen und fahren ins Ruhrgebiet, meine alte Heimat. In Hamburg ist mir deutlich zu viel Scheiße passiert. Ich bin durch, ich will nicht mehr kämpfen.

Locke arbeitet erst einmal im Rotlichtviertel in Essen. Ich mache mich jedoch auf die Suche nach etwas Besserem für sie. Außerdem beginne ich, meine alten Kontakte zu reaktivieren.

Ich will ein neues Leben anfangen. Scheiß auf Hamburg.

Was ich nicht ahne, ist, dass Locke weiterhin Kontakt zu Musa hält. Offenbar will sie die Möglichkeit haben, nach Hamburg zurückzukommen. Ein bisschen zweigleisig fahren.

Aber das geht wohl schief, denn irgendwann erzählt sie mir, Musa hätte ihre Eltern bedroht. Die haben eine Kneipe in Hammerbrook, da sollen Musas Leute aufgetaucht sein.

Ich rate Locke, nicht durchzudrehen, aber sie ruft beim LKA Hamburg an und zeigt Musa an. Er soll sie damals im Apartmenthaus geschlagen haben. Und sie erzählt noch mehr: Für die Misshandlung soll es eine Zeugin geben. Barbie, eine ihrer Freundinnen. Sie sei gerade bei ihr im Apartment zu Besuch gewesen, als Musa gekommen sei, und hätte sich im Schrank versteckt. Barbie hätte auch im Saunaclub »Tropicana« gearbeitet. Das ist es, worauf die Polizei anspringt, denn Barbie ist 16 Jahre alt – eine minderjährige Prostituierte im Saunaclub »Tropicana«. Also bringt Lockes Aussage nicht nur Musa in Schwierigkeiten, sondern auch mich. Schließlich bin ich bei der Polizei immer noch als »Tropicana«-Chef bekannt. Der Beamte sagt zu Locke: »Sie sollten dafür sorgen, dass Herr Sander bei uns auftaucht. Wir haben ein paar Fragen. Sagen Sie ihm, wenn er nicht kommt, holen wir ihn ab.«

Als mir Locke das erzählt, natürlich wieder unter Tränen, werde ich ziemlich sauer. Eine Minderjährige im »Tropicana«. Und ich soll dafür verantwortlich gemacht werden.

Ich fahre also nach Hamburg. Warum soll ich meinen Kopf für Musa hinhalten? Vor allem in so einer Sache, eine minderjährige Prostituierte. Dann sage ich aus: »Der Saunaclub gehört mir nicht mehr, den führt jetzt Musa. Die Konzession läuft zwar noch auf meinen Namen, aber nur, weil ich noch nicht dazu gekommen bin, das zu ändern.« Das ist genau das, was die Beamten hören wollen. Denn ich bin nicht mehr ihr Problem, soll sich die Polizei aus dem Ruhrgebiet doch um mich kümmern. Aber Musa, den wollen sie gerne weghaben von der Straße. Als ich aus der Wache gehe, denke ich an meinen Partner Musa. An unsere gemeinsamen großen Pläne. Und warum alles so enden muss. Wenig später umstellen Polizisten Musa auf offener Straße im Hamburger Schanzenviertel. Musa hat 6000 Euro in bar dabei. Und eine tschechische Pistole, eine Ceska CZ 83. Das LKA durchsucht das »Tropicana« und Wohnungen in der Schanze.

Danach herrscht in Hamburg kurze Zeit so etwas wie Ruhe. Seit Türken-Musa in Haft ist, scheint der Krieg entschieden zu sein. Die Nutten arbeiten wieder ungestört, die Zuhälter prügeln nur noch auf renitente Freier ein, die Schusswaffen verschwinden in den Schränken. Die Männer, die auf Türken-Musas Seite gekämpft haben, sind verunsichert.

Doch dann kommt es zu einem weiteren Mordversuch im Milieu. Erdogan A. geht aus dem Bordell »Atmos«. Es ist 2 Uhr in der Nacht. Erdogan A. ist Zuhälter, man sieht ihn in letzter Zeit häufiger im »Atmos«. Der 38-jährige Türke will über die Straße zu seinem Auto. Plötzlich zerreißt ein einzelner Schuss die Stille der Nacht. Ein einziger Schuss in den Rücken streckt Erdogan A. nieder, einen gut trainierten Mann, einen erfolgreichen Kickboxer.

Wer hinter dem Anschlag steckt, weiß ich nicht. Mag sein, dass es gar kein großes Ding ist, nur der Streit zwischen zwei Männern, bei dem der eine um seine körperliche Unterlegenheit wusste und deswegen auf einen Schuss aus dem Hinterhalt setzte.

Aber der Mordanschlag ist im Hamburger Rotlichtmilieu ein wichtiges Zeichen. Ein Zeichen dafür, dass mit Türken-Musa noch zu rechnen ist. Denn Erdogan A. galt im Milieu als Überläufer, der erst für Musa und jetzt für die Hells Angels kämpfte.

Die Gerüchte im Milieu bekommt natürlich auch die Presse mit. *Spiegel Online* mutmaßt: »Hat Musa A. vom Gefängnis aus den Auftrag gegeben, Erdogan A. anzugreifen? Erdogan A. soll sich im Jahr 2008 der verfeindeten Gegenseite angeschlossen haben, heißt es. Die Polizei zählt dazu Anhänger der berüchtigten Rockerbande Hells Angels und Angehörige einer albanischen Großfamilie.«

Einigen Anhängern von Musa könnte der Mordanschlag neue Hoffnung gegeben haben. Vielleicht ist Musa wirklich mächtig genug, um auch aus dem Knast heraus zu agieren.

Prozess im Hamburger Strafjustizgebäude. Großer Journalisten-Auflauf vor der Tür von Saal 297. Der Staatsanwalt trägt die Ermittlungsergebnisse seiner Behörde vor. Im »Tropicana« habe Frauenmangel geherrscht, deswegen soll Musa eine Freundin von Barbie überredet haben, die Minderjährige mit in das Bordell zu bringen. Musa soll sie persönlich im Betrieb herumgeführt haben. Und ihr erklärt haben, dass sie bei einer Polizeikontrolle falsche Daten angeben solle. In jedem Fall solle sie leugnen, dass Musa sie angeworben habe.

Das Gericht verliest als Nächstes Musas Vorstrafenliste mit 14 Einträgen: schwerer Raub, Diebstahl, Körperverletzung, Nötigung, Freiheitsberaubung. Ein Raunen geht durch den Raum. Die Hauptzeugin der Staatsanwaltschaft ist auch ganz nach dem Geschmack der Journalisten. Blondierte Haare, enge weiße Jeans, hochhackige Schuhe. Mittlerweile ist Barbie 17, die meisten ahnen wohl, was sie in einem Jahr beruflich vorhat. Die Fotografen kommen in jedem Fall auf ihre Kosten.

Aber viel mehr passiert nicht. Ihr Anwalt erklärt: »Eventuell könnten Aussagenunterschiede bei der Polizei und vor Gericht zu einer Strafverfolgung führen.« Sie verweigert die Aussage, um sich nicht selbst zu belasten. So ist es nun einmal Brauch, wenn ein Gericht etwas von Leuten aus dem Milieu wissen will.

Aus dieser Selbstverständlichkeit konstruiert die Presse jedoch, dass die Aussage von Barbie bei der Polizei wohl falsch gewesen sein muss. Da Barbie nicht in Schwierigkeiten kommen will, verweigert sie nun lieber die Aussage, damit nicht herauskommt, dass sie gelogen und damit Musa in den Knast gebracht hat. Die Polizei will außerdem aus der

Telefonüberwachung Hinweise darauf haben, dass ich Barbie beeinflusst haben könnte, damit sie gegen Musa aussagt.

Eine Steilvorlage für Türken-Musa. Im Zeugenstand stellt er sich als armes, krankes Opfer dar.

»Was machen Sie beruflich?«, fragt die Richterin.

»Ich bin behindert«, antwortet Türken-Musa. »Mir wurden mehrere Organe entfernt, ich habe keine Bauchdecke mehr, weil eine Kugel meine Wirbelsäule getroffen hat, bin ich gehbehindert. Ich habe rund um die Uhr Schmerzen.«

»Wovon haben Sie denn in der Türkei gelebt?«, will die Richterin wissen.

»Meine Familie sind Olivenbauern und Pferdezüchter.«

»Und in Deutschland?«

»Ich habe Geld mitgebracht, von meinem Vater.«

Die ganze Sache mit Barbie sei nur eine Intrige, um ihn in den Knast zu bringen. »Ich hatte mit Gianni Streit. Deshalb versucht er, mir jetzt die Sache anzuhängen.«

Das ist Quatsch. Aber noch heute wird mir von einigen in Hamburg vorgeworfen, dass ich Musa in den Knast gebracht hätte. Eine Lüge.

Diese Lüge kann ich vor Gericht natürlich nicht entkräften. Denn als ich als Zeuge in den Saal 297 gerufen werde, spricht mein Anwalt für mich: »Mein Mandant möchte die Aussage verweigern. Er befürchtet, sich selbst zu belasten.«

Musa quittiert das mit einem zufriedenen Lächeln. Für alle sieht es jetzt so aus, als wolle ich vor Gericht nicht aussagen, weil ich sonst zugeben müsste, Barbie zu einer Falschaussage angestiftet zu haben. Dabei sage ich nicht aus, weil es sich nicht gehört. Punkt. Niemand aus dem Milieu redet vor Gericht. Deswegen sind die meisten Rotlichtprozesse auch eine Farce.

Die Richterin nimmt das gelassen. Offenbar hat sie damit gerechnet. Und die Staatsanwaltschaft lässt daraufhin den Vorwurf des Menschenhandels und der Förderung sexueller Handlungen von Minderjährigen fallen. Egal, der Richterin reicht die gefundene Waffe. Für die kriegt Musa zwei Jahre wegen Verstoß gegen das

Waffengesetz. Nachdem er das abgesessen hat, wird er in die Türkei abgeschoben.

Vor einem Jahr hat Musa der *Hamburger Morgenpost* ein Interview gegeben. Angeblich lebt er jetzt in Izmir, soll sich dort vom Knast gut erholt haben. Sein Bauchschuss ist mittlerweile verheilt. Musa: »Alle, von denen ich Geld bekomme, haben mich wegen der Verletzung nicht mehr für voll genommen … Aber jetzt soll mir mal einer ins Gesicht sagen, dass ich ein kranker Mann bin, dann …«

In dem Interview kündigt Musa auch an, wieder nach Hamburg zurückkommen zu wollen. Ich weiß nicht, ob ich daran glauben soll. Viele im Hamburger Milieu tun es jedenfalls nicht.

SATUDARAH

GREMIUM BOSPORUS WEST

»Die Polizei in NRW geht nun (…) davon aus, dass (…) der schwelende Konflikt um Geschäftsgebiete im Ruhrgebiet zwischen Hells Angels und Bandidos offen ausgebrochen ist. Einfacher wird die Lage nicht gerade dadurch, dass sich auf der Dinslakener Trabrennbahn am dritten Januarwochenende ein neues Chapter des bisher als harmlos eingeschätzten Rockervereins Gremium gegründet hat, das ›MC Gremium Bosporus West‹.«

NRZ, 21.1.2012, »Die Unruhe wächst«

Ein Gewitter wird über Rhein und Ruhr hereinbrechen. An manchen Tagen kannst du kaum atmen, so sehr spürst du die Anspannung. Jeder weiß, dass der Krieg losbrechen wird. Die Gesichter der Männer werden härter, sorgenvoller. Die Fragen strenger: Bist du auf meiner Seite? Die Männer stemmen die Eisen in den Studios, kaufen Waffen, jede freie Sekunde wird genutzt, um aufzurüsten. Die Frauen scheinen dich mehr zu begehren, sie lieben intensiver, hemmungsloser.

Wenn ich durch die Straßen gehe, sehe ich die Anzugträger auf dem Weg in die Büros. Ihr Leben ist so weit von meinem entfernt. Sie wissen von der anderen Welt, meiner Welt, vom Milieu, nur aus der Zeitung. Sie lesen die Berichte von den Razzien, von den Waffenfunden, von den Mordanschlägen, aber sie zucken nur mit den Schultern, als würde das alles in Russland spielen, in Südamerika, in Afrika.

Sie ahnen nicht, dass sich, während sie ihr Leben normal weiterleben, neben ihnen Männer zum Krieg rüsten. Einige Hundert auf jeder Seite. Bereit zum Kampf auf Leben und Tod.

Das Gewitter wird sich erst legen, wenn eine Seite zu schwach ist, um noch einmal Rache zu üben. Wenn der Kreislauf aus Angriff und

Vergeltung zusammenbricht. Erst dann werden wir wieder durchatmen können.

Wenn alles gut läuft, wird dann etwas aufgebaut, was besser ist.

Erst 2011 verlasse ich Hamburg. Ein Jahr lang bin ich in der Stadt geblieben, um den Hells Angels und den Albanern zu zeigen, dass ich keine Angst habe. Aus dem Rotlicht habe ich mich aber zurückgezogen. In Hamburg gibt es für mich keine berufliche Perspektive mehr. Ich habe nicht genug Männer, um ernsthaft gegen die Hells Angels anzutreten. Hells Angels und Albaner sind, seit Musa und ich aus dem Krieg ausgeschieden sind, die Herren im Milieu.

Weil ich lange genug gezeigt habe, dass ich nicht aus Angst verschwinde, sondern mich erhobenen Hauptes aus Hamburg zurückziehe, verschenke ich alles, was ich noch besitze. Ich will nichts mitnehmen, auch keine Frauen, keine Kontakte zu alten Kollegen.

Ich bin 35 Jahre alt und fange noch einmal komplett von vorne an. Ich ziehe zurück zu meinen Wurzeln, nach Ratingen in Nordrhein-Westfalen, wo meine Familie ein Haus hat, in das ich einziehe. Ich brauche, das gebe ich ehrlich zu, etwas Zeit, um mich von den Querelen zu erholen. Es war immerhin ein paarmal sehr knapp. Sich selbst Schwäche zuzugestehen, ist nicht üblich im Milieu. Wenn du geschlagen wurdest, zählt nur das Aufstehen, das Weitermachen. Deswegen gibt es diese Fotos von Zuhältern, die niedergeschossen wurden, auf der Krankenbahre aber noch telefonieren oder den Pressefotografen das Victory-Zeichen entgegenstrecken.

Doch wer klug ist, weiß, dass er manchmal Zeit braucht, um sich zu sammeln. Um seine Fehler zu analysieren. Zu sortieren, wer Freund ist und wer Feind. Um sich dann wieder aufzubauen. Besser, man zieht sich einige Zeit zurück und tritt dann gestärkt in den Ring, als verwundet gleich wieder in den Kampf zu ziehen.

Im Jahr 2012 beginne ich in Nordrhein-Westfalen zu arbeiten. Wieder im Rotlicht, ich habe ein paar Frauen. Das ist ein Anfang. Natürlich will ich kein kleiner Zuhälter bleiben. Denn nur wenn du groß bist, kannst du die Spielregeln bestimmen. Und wenn du das mit Niveau tust, ist das gut für alle. Wenn du klein bist, machen andere die Regeln. Das ist für dich schlecht, das ist für deine Frauen schlecht, das ist für die Freier schlecht.

Das Milieu in Ruhrgebiet und im Rheinland hat sich stark verändert, seit ich vor mehr als einem Jahrzehnt den »Titty Twister« gemacht habe. Früher hatten die Motorradclubs im Ruhrgebiet wenig zu sagen. Es gab die Gelben Ghostrider's, den Ableger eines Clubs aus den Niederlanden. Ihr Logo war Gevatter Tod in Neongelb. Einige Biker aus Gelsenkirchen gründeten Ende der 70er-Jahre das erste Chapter in Deutschland. Sie waren aber weit davon entfernt, das Milieu zu kontrollieren. Ich konnte damals durchaus im Drogen- und Rotlichtmilieu arbeiten, ohne mit den Ghostrider's in Kontakt zu treten.

Die Situation änderte sich, als sich 1999 die Bones den Hells Angels anschlossen. Die Bones galten als mächtigster Motorradclub in Deutschland. Sie hatten deutschlandweit 21 Chapter, die Hells Angels hatten bis auf ihren internationalen Ruf nichts aufzubieten – gerade mal sechs Charter hatten sie in Deutschland. Jetzt waren die Hells Angels plötzlich ein ernst zu nehmender Spieler im Milieu, vor allem weil sie aggressiv expandierten und viele der kleineren Clubs schluckten. Sie konnten auf Männer und Know-how aus dem Ausland zurückgreifen. Außerdem hatten sie einen international geachteten Markennamen, »Hells Angel« wollte sich jeder gerne nennen, der die eigene Schwäche durch mächtige Verbündete wettmachen wollte. Im Gegensatz zu den piefigen deutschen Clubs klang »Hells Angels« nach Freiheit und Abenteuer, eine ganz andere Liga. Eine Subkultur, die in Büchern und Hollywood-Filmen dargestellt wurde. Rücksichtslose Taten der Höllenengel, und wenn sie in kleinen Ortschaften weit weg in den USA stattgefunden hatten, sorgten auch in Deutschland für den gefährlichen Ruf der Hells Angels. Da war es egal, dass die Amerikaner die deutschen Rocker nie besonders ernst nahmen. Im deutschen Milieu galt plötzlich: Mit den Hells Angels legt man sich besser nicht an, mit denen macht man lieber gemeinsame Sache.

Die Gelben Ghostrider's taten in dieser Situation das einzig Richtige: Um nicht irgendwann von den Hells Angels in die Bedeutungslosigkeit verdrängt zu werden, schlossen sie sich ein Jahr später den Bandidos an. Auch die Bandidos sind ein internationaler Club, wie die Hells Angels stammen sie aus den USA. Seit der Gründung 1966 expandierten sie massiv, seit 1989 auch in Europa. Damit kamen sie immer wieder den Hells Angels ins Gehege, weltweit kämpften beide Clubs gegeneinander um Einfluss.

Anfang der 90er-Jahre eskalierte der Konflikt in Skandinavien. Der skandinavische Rockerkrieg dauerte von 1994 bis 1997, er tobte in Dänemark, Finnland, Oslo und Schweden. Er begann mit einer Schießerei zwischen Hells Angels und Bandidos in Helsingborg, Südschweden. Ein Hells Angel wurde dabei erschossen. Danach folgte Racheaktion auf Racheaktion, drei Jahre lang. Clubhäuser wurden mit Panzerabwehrraketen beschossen, Autobomben explodierten, Raketenwerfer wurden eingesetzt. Erst dann beschlossen die Rockerchefs einen Waffenstillstand. Das dänische Fernsehen übertrug damals, wie der Hells-Angels-Präsident dem Bandidos-Chef die Hand schüttelte.

Bilanz des skandinavischen Rockerkriegs: 96 Verletzte, elf Ermordete, 74 versuchte Morde.

Und nur zwei Jahre nach dem Friedensschluss in Skandinavien stehen sich nach dem Patchover von Bones und Ghostrider's plötzlich in Deutschland die beiden verfeindeten Clubs Hells Angels und Bandidos in ähnlicher Mannschaftsstärke gegenüber.

Gefährlichstes Pflaster in dieser angespannten Situation ist Nordrhein-Westfalen. Das Ruhrgebiet ist fest in der Hand der Bandidos, die durch die Übernahme der in der Region starken Ghostrider's einen kaum aufzuholenden Startvorteil haben. Das Rheinland gehört den Hells Angels.

Das folgende Jahrzehnt nutzen beide Clubs zur Expansion in Nordrhein-Westfalen. Die Zahl der Chapter verdoppelt sich allein von 2005 bis 2012. Die Hells Angels kommen nun auf neun Charter mit 250 Mitgliedern, die Bandidos auf 25 Chapter mit 400 Mitgliedern.

In Ratingen, wo ich mich niederlasse, stoßen die beiden Einflussgebiete aneinander. Dass es hier bald knallen wird, ist im Milieu ausgemachte Sache. Ich suche mir diesen Ort natürlich nicht aus, weil ich

Stress will. Eigentlich will ich nach Hamburg zumindest einige Jahre in Frieden leben. Ich habe genug von rivalisierenden Gruppen. Denn genau die waren es, die mir das Geschäft in Hamburg verdorben haben.

Aber Ratingen ist nun einmal meine Heimat. Was kann ich dafür, dass sich die Rockerclubs ausgerechnet diesen Ort für den nächsten großen Krieg ausgesucht haben?

Es dauert nicht lange, bis es zur ersten Auseinandersetzung mit den Höllenengeln kommt. Mein Auftauchen wird von denen nach den Regeln des Milieus gedeutet. Da kommt einer, der wieder einsteigen will. Der war für die Brüder in Hamburg eine ziemlich harte Nuss. In Nordrhein-Westfalen kennt der noch eine Menge Leute von früher. Und wenn es zum großen Knall kommt, wird er sicher nicht auf unserer Seite stehen.

Als ich wenig später durch meine Heimatstadt gehe, kommt plötzlich eine Handvoll Rocker auf mich zu. Es sind Mitglieder eines Unterstützerclubs der Hells Angels, sie nennen sich Clan 81. Die 81 ist die Zahl der Höllenengel, das H ist der achte, das A ist der erste Buchstabe des Alphabets. Um die großen Clubs scharen sich immer noch Unterstützerclubs wie der Clan 81, die gerade gut genug sind, um die Drecksarbeit für die großen Clubs zu erledigen.

»Ratingen ist Hells-Angels-Stadt«, sagt der eine zu mir. »Du bist hier nicht willkommen. Mach hier keine Geschäfte und trage keine Farben eines anderen Clubs.«

Ich spüre das Adrenalin durch meine Adern schießen. Aber äußerlich bleibe ich ruhig. Die wollen mir eine Ansage machen, sollen sie doch, es sind Kettenhunde ihrer Herren in Rot-Weiß. Warum sollte ich ernst nehmen, was mir Kettenhunde sagen?

Mit den Jahren habe ich einen ganz guten Instinkt dafür entwickelt, wann eine Situation wirklich gefährlich ist. Und wann jemand nur ein bisschen die Muskeln spielen lassen will.

Einige Tage später wird eine meiner Frauen auf einem Parkplatz in Essen von mehreren Männern umringt. Sie nehmen ihr das Handy ab. »Na, hat er dir geschrieben?«, fragt einer der Männer. Dann geht er ganz nah an die Frau heran und droht: »Wir werden ihn umbringen. Wenn du dabei bist, stirbst du auch. Halt dich also fern von ihm.«

Es wird ungemütlich werden im wilden Westen Deutschlands.

Die libanesische Großfamilie A. hat in Deutschland gut 4000 Mitglieder. Ein riesiger Clan, von dem einige in der organisierten Kriminalität mitmischen. Auch in Nordrhein-Westfalen sind sie durchaus mächtig. Wer in meinem Bereich arbeitet, wird früher oder später mit ihnen zu tun haben. Ich habe den Kontakt aber immer auf das Nötigste beschränkt. Bevor du mit jemandem Geschäfte machst, solltest du dich nämlich kurz in ihn hineinversetzen und mit seinen Augen auf dich schauen. Was bist du für ihn? Respektiert er dich? Und bei diesem Test fällt die Familie A. durch. Denn in deren Augen bin ich minderwertig. Ich bin Christ, habe für sie also schon einmal die falsche Religion. Außerdem verdienen die ihr Geld mit Drogen, mit Gewalt, mit Erschleichung von Sozialleistungen. Bordelle sind für sie unehrenhaft. Da ich das alles weiß, würde ich ihnen nie vertrauen.

Aber diese Leute sind wie Fliegen, sie kommen immer wieder. Lassen dich nie in Ruhe. Nicht weil sie mit dir etwas aufbauen wollen, gleichberechtigt, ein Geschäft, von dem beide Seiten profitieren. Sondern weil sie hoffen, dich als Helfershelfer missbrauchen zu können.

Einer von ihnen, Moussa, bestellt mich nach Duisburg. Weil ich neugierig darauf bin, was sie planen, komme ich. Dass ich gegen die Hells Angels bin und dass ich gerne Rache nehmen würde, hat sich im Milieu offenbar herumgesprochen. Jedenfalls offenbart mir Moussa, dass ein neues Chapter eines Motorradclubs geplant ist. Gremium Bosporus West soll es heißen und zum traditionsreichen deutschen Gremium-Motorradclub gehören. Es soll ein türkisches Chapter in Deutschland werden, mit Standort Dinslaken, in dem die unterschiedlichsten Nationalitäten zusammenarbeiten, das sich aber hauptsächlich aus Migranten rekrutiert, die bisher in den anderen Motoradclubs nicht viel zu sagen haben. Ich soll Mitglied werden.

Bei mir läuten sofort die Alarmglocken. Da haben sich Männer mit ganz unterschiedlichen Hintergründen zusammengetan. Die einen kommen aus Duisburg, die anderen aus Dinslaken. Die einen sind Türken, die anderen Kurden. Bozkurts sind dabei, PKK-Anhänger, Libanesen, Syrer, Aleviten, Schiiten … Gruppen, die untereinander verfeindet sind. Das wird sehr schwierig werden, deren Interessen unter einen Hut zu bekommen. Außerdem schreckt mich die Beteiligung der Familie A. ab. Denn der Clan teilt seine Macht nicht gerne. Wenn die sich bei etwas engagieren, wollen sie von der Sache mehr profitieren, als dass sie zu geben bereit sind.

Was mich aber dazu bringt, doch darüber nachzudenken, ist der Name Gremium. Von diesem alteingesessenen Motorradclub habe ich immer nur Gutes gehört. Wenn ich je daran gedacht hätte, mich in einem Club zu engagieren, dann wäre für mich immer nur Gremium infrage gekommen. Ich bin immer Einzelgänger gewesen, vielleicht war das ein Fehler, eine starke Gemeinschaft mit gemeinsamen Zielen könnte mich wieder ins Geschäft bringen.

Gremium ist der letzte große Club, der in Deutschland geblieben ist, ohne sich einem der amerikanischen Clubs anzuschließen. Gegründet wurde er im Jahr 1972 in Mannheim, blieb dann auch 20 Jahre lang hauptsächlich im Südwesten aktiv. Als die Expansion von Hells Angels und Bandidos losging, expandierte auch Gremium, zunächst hauptsächlich nach Ostdeutschland, dann in ganz Deutschland. Mittlerweile gehören mehr als 100 Chapter zum Club – und zwar nicht mehr nur in Deutschland, sondern in ganz Europa. Selbst in Venezuela und in Thailand ist Gremium aktiv.

Wenn Gremium vorhat, ein türkisches Chapter entstehen zu lassen, ein Chapter für Deutsche und Migranten, dann kann das also durchaus eine gute Sache sein.

Aber mich stört an dem Ganzen auch, dass Moussa A. mich in den Club bringen will. Warum tut er das? Nur, um besser beim Präsidenten dazustehen? Schau mal, das ist Gianni, das ist mein Mann. Dann wäre ich als Wasserträger von Moussa im Club. Ich komme aber sicher nicht als der Läufer von einem Moussa, als Helfershelfer. Ich gehe nur rein, wenn ich auf gleicher Augenhöhe bin wie die anderen.

Also mache ich einen Termin mit Selem aus, dem Präsidenten des neuen Clubs, den ich vom Sehen her kenne. Er ist anders als die Familie A., wir scheinen auf einer Wellenlänge zu liegen. Er ist auch im Milieu tätig. Nach kurzer Probezeit werde ich aufgenommen.

Die Chapter des Gremium Bosporus sind ähnlich organisiert wie fast alle Rockerclubs weltweit. An der Spitze steht der Präsident, nach ihm kommt der Vizepräsident. Über den normalen Mitgliedern stehen in der Clubhierachie dann noch die Funktionsträger. Der »Sergeant at Arms«, der Waffenmeister des Clubs. Der »Road Captain«, der die Ausfahrten organisiert. Der »Treasurer«, der Schatzmeister. Und der »Secretary«, der den Club verwaltet, das Amt, das ich ausfülle. Da der Club eine Neugründung ist, entfällt der sonst lange Weg durch die Hierarchie, bei dem es sonst Jahre dauern kann, bis man überhaupt Vollmitglied wird.

STAATSMACHT

> *»Wenn es ernst wird, machen die Rocker nicht viele Worte: ›Mit dem heutigen Datum‹, teilen sie am späten Mittwochabend auf einer einschlägigen Internetseite mit, hätten sich die Hells Angels Hannover ›aufgelöst‹. (…) Die Ermittler rechneten jedoch nicht damit, dass die vielfach im Rotlichtgewerbe aktiven Angels nun ›umschulten‹. ›Für uns ist letztlich egal, ob auf deren Jacken A oder B oder gar nichts steht, wir behalten sie im Auge‹, so der Polizist. Zumal die Rocker durch ihren Sprecher Django selbst ankündigen: ›Ich bleibe Hells Angel, wie alle anderen auch. Dafür brauchen wir kein Abzeichen, keinen Charter.‹«*

Spiegel Online, 28.6.2012, »Die Höllenengel ducken sich weg«

Die Motorradclubs können eine gewisse Kontinuität in der Arbeit im Milieu garantieren. Es bleibt nun einmal nicht aus, dass bei einer Gruppe, die im Milieu aktiv ist, das eine oder andere Mitglied Ärger mit der Polizei bekommt. Irgendwann trifft es auch mal den Chef. Die Banden, bei denen der Anführer in den Knast wandert, lösen sich dann meist schnell auf. In Hamburg war das beispielsweise so, als Türken-Musa abgeschoben wurde. Seine Gangster GmbH verlor auf einen Schlag den Einfluss, zersplitterte, und die Mitglieder schlossen sich anderen Banden an.

Als Musa weg war, fehlte ihnen das verbindende Element, der starke Mann, der alles zusammenhielt. Meist sind die Hierarchien in Milieu-Gruppen nur informell festgelegt. Wenn der Chef weg ist, bleibt daher unklar, wer seinen Platz künftig einnehmen wird.

Bei einem Motorradclub ist das dagegen anders. Noch wichtiger als der Präsident ist die Zugehörigkeit zum Club. Die Loyalität gilt nur in zweiter Linie dem Präsidenten, in erster Linie sind es die Statuten des Clubs, denen sich die Mitglieder unterwerfen.

Wenn der Chef eines Chapters ins Gefängnis geht, bleiben die anderen Hells Angels, Bandidos oder Anhänger von Gremium. Der Vizepräsident rückt auf. Wenn es dadurch zu Unruhe im Chapter kommt, können Clubs aus anderen Städten unterstützend eingreifen.

Die Rockerclubs sind wie die Hydra aus der griechischen Mythologie. Wenn ihr ein Kopf abgeschlagen wird, wachsen sofort zwei neue Köpfe nach.

Das Jahr 2012 wird in die Geschichte eingehen als das Jahr der gescheiterten Versuche der Staatsmacht, die Rockerclubs in den Griff zu bekommen. Die Bilanz des Jahres: Hells Angels Kiel werden verboten, die Hells Angels in Köln mit dem Supporterclub Red Devils, die Hells Angels Berlin City sowie die Bandidos Aachen mit den Supporterclubs Chicanos Aachen, Alsdorf, Düren, dem X-Team Aachen und dem Diablos MC Heinsberg.

Außerdem kommen einige Clubs einem Verbot zuvor, indem sie sich selbst auflösen. Prominentestes Beispiel ist natürlich das Hannoveraner Hells-Angels-Charter unter Frank Hanebuth. Im Rockerprozess in Kiel hat vorher ein ehemals den Hells Angels nahestehender Mann behauptet, Hanebuth hätte einen Mord in Auftrag gegeben. Danach wurde Hanebuths Villa durchsucht, die Polizei erschoss bei der Erstürmung des Anwesens seinen Hund.

All das klingt vielleicht nach Erfolg der Justiz, und sicher kann sich der eine oder andere Innenminister dafür feiern lassen. Aber wirklich ändern wird sich an der Macht der Gruppen dadurch nichts. Das glaubt auch kein Staatsanwalt.

Ein bisschen Geld wird beschlagnahmt, vielleicht ein paar Motorräder. Selbst das ist aber schon ein ziemlicher Glücksgriff, meist sind die echten Werte nie wirklich im Besitz des Clubs, die Motorräder also auf einzelne Mitglieder zugelassen. Die wichtigste Sache aber, der Einfluss auf das Rotlichtmilieu, lässt sich nicht beschlagnahmen. Ob der Typ, der das Schutzgeld kassiert, eine Kutte trägt oder das nicht mehr darf, ist dem Wirt ziemlich egal. Er wird trotzdem bezahlen. Und wenn ein Bordellbesitzer gute Erfahrungen damit gemacht hat, einen bestimmten Motorradclub mit der Sicherheit seines Puffs zu beauftragen, warum sollte er dessen Dienste dann nicht mehr in Anspruch nehmen, nur weil die Leute eine andere Arbeitskleidung tragen?

Außerdem sind Nachfolgeclubs schnell gegründet. Die Hells Angels Hamburg sind seit 1986 verboten. Trotzdem gab es in Hamburg immer Hells Angels. Sie nennen sich nur nicht mehr Hells Angels Hamburg. Aktuell nennen sie sich Hells Angels Harbour City. Der Club ist offiziell in Schwerin registriert.

In März 2012 will es Harbour City dann richtig wissen. Ein Mitglied, Tommy, stellt sich mit seiner Kutte mit Hells-Angels-Logo vor den Hamburger Michel, das Wahrzeichen der Stadt, und lässt sich so von seinen Kumpels fotografieren. Und schickt das Foto den Behörden. Es kommt, was kommen muss: Die Staatsanwaltschaft durchsucht daraufhin das Haus von Tommy. Dem ist das ganz recht, grinsend übergibt er den Polizisten die Kutte. Vor Gericht erklärt er den ganzen Quatsch so: »Wir wollen einfach mal Rechtssicherheit haben.«

Und tatsächlich: Das Amtsgericht entscheidet für ihn. Zwar sei das Logo der Hells Angels Hamburg verboten. Das Logo der Hells Angels Harbour City aber nicht. Dass sich das nur durch ein paar Buchstaben unterscheidet, spiele da keine Rolle. Der optische Unterschied sei trotzdem zu groß.

So etwas ist dumm, weil es einfach nicht gut fürs Geschäft ist. Warum sollte man die Polizei provozieren? Jeder im Milieu kann doch froh sein, wenn uns die Polizei in Ruhe arbeiten lässt. Aber es zeigt zumindest mal sehr deutlich auf, was von Clubverboten zu halten ist.

Milieu-Auseinandersetzungen werden im Milieu geregelt. Das hat den Vorteil, dass so gut wie nie jemand bei diesen Auseinandersetzungen verletzt wird, der nicht zum Milieu gehört. Außer natürlich, ein Passant gerät aus Versehen in eine Schießerei.

Das Einzige, was eine Gruppe wirklich schwächen kann, ist, wenn wichtige Mitglieder in den Knast wandern. Aber auch das macht das Leben im Milieu nicht friedlicher. Wenn die Motorradclubs den Job nicht machen, dann eben andere deutsche oder ausländische Banden.

Die Clubverbote in Nordrhein-Westfalen haben zumindest eine Wirkung: Die Explosion wird herausgezögert. Eigentlich sollte der Krieg schon 2009 losgehen. Damals erschoss ein Hells Angel einen Bandido vor dem Bandido-Clubhaus in Duisburg. Timo A. vom Hells-Angels-Charter in Solingen fuhr in seinem Mercedes nach Duisbug, zu der Zeit unangefochten Bandido-Stadt. Er stoppte direkt vor dem Clubhaus der Bandidos. Bandido Eschli E. wollte sich diese Provokation nicht bieten lassen, rannte zum Auto des Hells Angels und brüllte: »Komm raus!«

Timo A. zog eine Pistole, stieg aus seinem Wagen und schoss viermal auf den Bandido. Eschli bekam eine Kugel in den Kopf. Ein Höllenengel hat einen Bandido in einer Bandido-Stadt vor dem Bandido-Clubhaus erschossen. Mehr braucht es nicht für einen Krieg.

Die Beerdigung von Eschli E. war würdevoll, 1000 Menschen nahmen Abschied, danach fuhr eine Prozession von 300 Bandidos auf ihren Motorrädern durch die Straßen.

Am 31. Oktober wollten die Bandidos dann Rache nehmen. Aus ihrer Kneipe »Fat Mexican« marschierten 40 von ihnen in Richtung Eros-Center Duisburg, ein Laufhaus, das angeblich die Hells Angels übernommen haben. Die Hells Angels rechneten wohl mit dem Angriff, denn 50 Mann gingen den Bandidos entgegen.

Bei der Massenschlägerei konnten die Hells Angels die Bandidos bis zum »Fat Mexican« zurückdrängen, das Lokal wurde von den Höllenengeln regelrecht zerlegt. Der Polizei gelang es nicht, genug Einsatzkräfte zusammenzuziehen, um die Gewalt zu stoppen.

Daraufhin wurde das Clubhaus der Hells Angels in Solingen beschossen, eine Handgranate in ein offenes Fenster im Obergeschoss geworfen, die aber nicht detonierte. Auch das Vereinsheim der Bandidos in Essen wurde beschossen.

Wie im Rockerkrieg in Skandinavien 20 Jahre zuvor droht nun Vergeltung auf Vergeltung zu folgen. Dann schalten sich die Chefs der beiden Clubs ein. Offenbar soll etwas Druck aus dem Kessel genommen werden. Durch den Konflikt leiden wohl die Geschäfte in Nordrhein-Westfalen. Die Chefs von Hells Angels und Bandidos beschließen daher einen Waffenstillstand, der der Öffentlichkeit als »Friedensschluss« verkauft wird. In Hannover, in einer renommierten Kanzlei, empfangen Hells-Angels-Hannover-Chef Frank Hanebuth und der Vizepräsident der Bandidos, Peter M., Journalisten. Vor laufenden Fernsehkameras geben sie sich die Hand und verkünden, dass Neugründungen nur noch in Absprache stattfinden und Hells Angels nicht in Bandido-Städte gehen sollen und umgekehrt.

Tatsächlich bleibt es in der Folge einigermaßen ruhig. Bis ein neuer Akteur die Bühne betritt.

EIN BLUT

»Der Krieg zwischen den verfeindeten Motorradclubs Satudarah und Hells Angels in Duisburg spitzt sich dramatisch zu: In der Nacht warf ein Unbekannter eine Granate in ein Wettbüro, das die Hells Angels betreiben sollen. Die riesige Explosion schreckte nicht nur die gesamte Nachbarschaft auf.«

BILD, 23.8.2012, »Handgranate im Wettbüro der Hells Angels explodiert«

Um 2.30 Uhr in der Nacht durchschlägt die Splitterhandgranate, Typ M75, die Schaufensterscheibe eines Ladenlokals im Duisburger Stadtteil Wanheim. Die M75 stammt aus jugoslawischen Armeebeständen, ist eine schöne Handgranate, sie liegt schwer in der Hand, der schwarze Stahl glänzt. Seit 20 Jahren kommen jährlich unzählige davon illegal auf den deutschen Markt. Nach Abziehen des Sicherheitsstifts bleiben vier Sekunden, bis sie explodiert und die kleinen Stahlkügelchen, die in ihrem Inneren verborgen sind, verschießt.

Die Druckwelle der Detonation reißt die übrigen Schaufensterscheiben aus der Verankerung, sie zersplittern auf dem Bürgersteig. Die Alarmanlagen der umstehenden Autos gehen an, Menschen rennen ans Fenster, Hunde bellen, kurz darauf erleuchtet Blaulicht die Straße.

Es gibt wenig, was für so viel Schrecken sorgt wie eine Handgranate in der Nacht. Der Knall, der die Anwohner aus dem Schlaf reißt. Die verheerende Zerstörung, die beunruhigende Gewissheit: Genauso leicht, wie die in der Nacht in einen Laden geschmissen werden kann, könnte sie auch am Tag geworfen werden. Die Handgranate in der Nacht ist ähnlich wie der Schuss ins Knie eine Warnung, die sich nicht ignorieren lässt.

Schon am nächsten Tag kann die Polizei erste Vermutungen verkünden, wer hinter dem Anschlag steckt. Denn in dem Ladengeschäft sollte am nächsten Tag ein Wettbüro eröffnet werden. Ein weiterer Ort, an dem arme Seelen ihr knappes Geld ausgeben in der Hoffnung, dass für sie auch ein einziges Mal Glück im Leben winkt. Aber dieses Wettbüro hat besondere Beschützer. Im Milieu weiß fast jeder, wer in dem Wettbüro das Sagen haben soll: die Hells Angels. Mit wenig anderen Unternehmungen lässt sich so gut Geld waschen wie mit einem Wettbüro, in dem größere Summen in bar über den Tisch gehen.

Die Granate hat nicht nur den Eröffnungszeitplan empfindlich durcheinandergebracht. Plötzlich sind es nicht mehr die Hells Angels, die Angst und Schrecken verbreiten. In dieser Nacht sind die Hells Angels die Angegriffenen. Ein Gefühl, an das sie sich in Duisburg wohl gewöhnen müssen. Denn erst ein paar Tage zuvor zündete eine Handgranate gleichen Typs im Stadtteil Rumeln-Kaldenhausen, vor ihrem Hauptquartier. Hauptverdächtig für beide Anschläge ist eine Gruppe, die neu in Duisburg ist, aber schon den Ruf der gefährlichsten Rockergruppe in der Gegend hat. Der Satudarah MC, ein Club aus den Niederlanden.

Nur wenige Wochen zuvor, am 2. Juni, hatte Brotherhood Clown Town in Duisburg eine besondere Party gefeiert. Der kleine, unabhängige Motorradclub wechselte zu Satudarah. Knapp 20 Rocker legten ihre alten Kutten ab und zogen die Farben von Satudarah an. Damit wurde Duisburg das erste Chapter des Clubs auf deutschem Borden. Statt dem Clown mit den zwei gekreuzten Pistolen, dem bisherigen Zeichen des Clubs, prangt jetzt der doppelköpfige Indianer mit den neun Federn am Clubhaus, das Zeichen von Satudarah.

300 Rocker von befreundeten Clubs kamen zu diesem Ereignis. Die Polizei stand in den Nebenstraßen bereit, musste aber nicht eingreifen – alles blieb friedlich. Selbstverständlich kam eine Delegation der Bandidos zur Begrüßung. Auch wir vom Gremium kamen vorbei. Nur die Hells Angels kamen nicht. Aus naheliegenden Gründen. Denn der Club gab zwar gleich eine Pressekonferenz, in der er seine Friedlichkeit betonte, aber so recht werden die Hells Angels das nicht geglaubt haben.

Denn in seiner Heimat, den Niederlanden, war es dem Satudarah MC seit seiner Gründung im Jahr 1990 gelungen, die Hells Angels, immerhin seit 1978 in den Niederlanden präsent, in die Schranken zu weisen. Nicht umsonst sollen fünf der zehn meistgesuchten Verbrecher der Niederlande bei Satudarah aktiv sein.

Um das Besondere dieses Clubs zu verstehen, muss man die Geschichte der Molukker kennen. Es ist eine Geschichte von loyalen Männern, die sich für eine gerechte Sache eingesetzt haben. Und die von ehemaligen Verbündeten verraten wurden. Dann entschieden einige Molukker, ihr Schicksal selbst in die Hand zu nehmen und als Gesetzlose ihr Recht zu erkämpfen.

Die Molukken sind eine Inselgruppe im Pazifik. Sie besteht aus 1027 Inseln mit zusammen etwa 2 Millionen Einwohnern. Im 16. Jahrhundert fielen die Portugiesen auf den Inseln ein. Sie unterwarfen die Ureinwohner, bauten Handelsrouten nach Europa auf. Nur auf den Molukken wuchs der Baum der Muskatnuss. Bald waren sie daher als »Gewürzinseln« auf der ganzen Welt bekannt. Entsprechend begehrt war es, die Macht über die Inseln zu haben. Nach den Portugiesen kamen die Spanier, schließlich die Niederländer.

Seit 1663 bis zum Ende des Zweiten Weltkriegs waren die Molukken eine niederländische Kolonie. Vor allem die Einwohner der südlichen Molukken arrangierten sich sehr gut mit den Machthabern. Im Laufe der Jahrhunderte hatten sie den christlichen Glauben angenommen und feierten die niederländischen Feste. Die Krieger der Molukken kämpften loyal Seite an Seite mit den niederländischen Kolonialtruppen. Und sie waren zähe, starke Krieger. Als die Japaner die Inseln im Zweiten Weltkrieg besetzten, kämpften die Molukker aus den Bergen heraus gegen die Besatzer.

Nach dem Zweiten Weltkrieg wurden die Molukken Teil Indonesiens. Die Niederländer sicherten den Molukkern zu, dass sie auch unabhängig von der indonesischen Regierung sein könnten, wenn sie es wünschten. Für die Molukker war das wichtig, denn sie waren Christen und damit im hauptsächlich moslemischen Indonesien eine

Minderheit. Als Indonesien kurz nach dem Krieg die Macht in Jakarta zentrierte und einzelne Inseln ihre Autonomie verloren, erinnerten sich die Molukker an das Versprechen.

Im Jahr 1950 sagten sich die Einwohner der Südmolukken von Indonesien los und proklamierten die unabhängige Republik der Südmolukken. Das Land bestand fünf Jahre, dann hatte Indonesien die Südmolukken besetzt. Der Präsident wurde 1962 gefangen genommen und 1966 hingerichtet.

Die Molukker hatten sich auf falsche Versprechen verlassen, denn die Niederländer, für die sie während der ganzen Kolonialzeit treu gekämpft hatten, zogen sich in diesem Konflikt feige zurück. Als die Indonesier angriffen, verließen die verbliebenen Niederländer die Molukken fluchtartig.

Der Verrat der Niederländer enttäuschte die Molukker zutiefst, hatten doch viele Generationen ihrer Krieger loyal für ihre Partner gekämpft. Und jetzt wollten sie Freiheit, ihren christlichen Glauben, etwas abbekommen von dem Reichtum, den die Niederländer jahrhundertelang aus dem Schatz der Insel, den Gewürzen, gezogen hatten. Aber nichts davon wurde ihnen gegeben.

Als die Indonesier mordend über die Insel zogen, stand kein Niederländer mehr an der Seite der Molukker. Nicht einmal diplomatisch setzten sich die alten Kolonialherren für die Südmolukken ein.

Schon 1951 kamen die ersten Molukker in die Niederlande. Mit den Jahren, als klar war, dass der Kampf gegen die indonesische Armee nicht zu gewinnen war, flohen Zehntausende Molukker in die Niederlande. Sie glaubten, sie seien willkommen. Doch sie täuschten sich.

Von Anfang an wollte die niederländische Regierung verhindern, dass die Molukker in Europa heimisch wurden. Daher gettoisierten sie die Molukker in eigenen Vierteln, gaben ihnen keine Arbeit und keine Möglichkeit, am Leben in den Niederlanden teilzuhaben. Die stolzen Molukken-Krieger waren so an den Rand der Gesellschaft gedrängt, degradiert zu Almosenempfängern.

Die Molukker gaben ihren Stolz an ihre Kinder weiter, die in den Niederlanden geboren wurden. 1975 wandelte sich die bestehende Unzufriedenheit in Gewalt gegen die Niederländer. Die Molukker forderten, dass sich die Niederländer für einen unabhängigen Molukkenstaat einsetzten. Und sie waren bereit, diese Forderung mit Gewalt durchzusetzen.

1970 wollte der indonesische Präsident Suharto die Niederlande besuchen. Die Niederländer rollten ihm den roten Teppich aus. Dabei hatte Indonesien erst vier Jahre zuvor den Präsidenten der Südmolukken hingerichtet. Die Molukker konnten nicht ertragen, dass sich die Niederländer mit Suharto an einen Tisch setzten.

Daher planten die Molukker-Krieger, am Vorabend des Staatsbesuchs die indonesische Botschaft in Den Haag, das indonesische Konsulat in Amsterdam und die Botschafterwohnung in Wassenaar zu erstürmen und zu besetzen. Umgesetzt wurde schließlich nur der letzte Plan, dabei kam ein Polizist ums Leben, der indonesische Botschafter konnte fliehen. Die 33 Molukker-Krieger konnten durch die Geiselnahme des Botschaftspersonals zumindest durchsetzen, dass es zu einem Gespräch zwischen dem Molukker-Chef und dem niederländischen Ministerpräsidenten kam – aus dem sich natürlich nichts Konkretes ergab.

Aber die Molukker hatten den Krieg in den Niederlanden eröffnet. Es folgten Brandanschläge auf indonesische Einrichtungen und den Friedenspalast in Den Haag. Sogar die Entführung der niederländischen Königin wurde geplant, aber nicht umgesetzt.

Schließlich, im Jahr 1975, entführten sieben Molukken-Krieger einen niederländischen Regionalzug. Sie zogen die Notbremse, erschossen den Lokführer und forderten die Freilassung aller inhaftierten Molukker sowie diplomatische Gespräche zwischen den Molukkern, dem indonesischen Präsidenten und der niederländischen Regierung. Parallel besetzten die Molukker das indonesische Konsulat in Amsterdam.

Als die niederländische Regierung nicht auf die Forderungen einging, erschossen die Molukker zwei Geiseln. Zwölf Tage später wurden die Geiselnahmen beendet, als die niederländische Regierung Gespräche zusagte. Die Minimalforderung war, dass die Niederlande einen unabhängigen Südmolukkenstaat nicht mehr kategorisch ausschließen sollten. Doch nicht einmal darauf wollten sich die Niederlande festlegen.

Das radikalisierte die Molukker noch weiter. Sie entführten 1977 einen Intercity und besetzten zeitgleich eine Grundschule und nahmen mehr als 100 Kinder als Geiseln. Die Besetzung der Grundschule wurde unblutig beendet. Der Zug blieb aber drei Wochen lang in der Gewalt der Molukker, bis die Niederländer den Zug stürmten. Dabei starben zwei Geiseln und sechs der neun Geiselnehmer.

Diese Gewalttaten sorgten dafür, dass die Molukker in den Niederlanden einen verheerenden Ruf haben. Ihre Verzweiflung und die gerechte Sache, für die sie sich eigentlich einsetzten, wird dabei nicht mehr gesehen.

1990 gründeten Molukker den Motorradclub MC Satudarah in Moordrecht in Südholland, in der Nähe von Gouda. In Moordrecht gibt es seit mehr als 50 Jahren eine große Molukken-Gemeinde. Hier hatten die Niederländer, weit ab vom Schuss, eine Gruppe Molukker angesiedelt.

Die Molukker wählten für ihren Club den Namen Satudarah, ein Wort aus der malayo-polynesischen Sprache, das »ein Blut« bedeutet. Als Logo entschieden sie sich für einen doppelköpfigen Indianer, dessen eines Gesicht schwarz und das andere weiß ist, als Symbol für die Freundschaft der Rassen. Die Illoyalität der Niederländer hat die Molukker nicht resignieren lassen. Ihre Bruderschaft soll offen sein für alle Menschen. Der Indianer trägt neun Federn, eine für jedes Gründungsmitglied. Den Bottom Rocker, also den Aufnäher auf der Weste unter dem Clublogo, ziert nicht wie bei anderen Clubs üblich der Name der Stadt, in der das Chapter sitzt, sondern Maluku – der Name der ehemaligen Molukker-Republik in Indonesien.

Satudarah erhielt nicht zuletzt wegen der Geschichte der Molukker, die sich hier organisierten, von Anfang an starken Zulauf. Die Mitglieder sehen sich als Erben der Molukken-Krieger. Viele Motorradclubs nehmen für sich in Anspruch, außerhalb der Gesellschaft zu stehen, sich dieses Recht herausnehmen zu können. Aber nur Satudarah hat einen guten Grund dafür, leben sie doch in einer Gesellschaft, die sie mehrmals verraten hat und die ihnen keine Chance gegeben hat, menschenwürdig zu leben.

Wie erbärmlich ist da doch im Vergleich der Gründungsmythos der Hells Angels, einer Ansammlung von Hilfsarbeitern und Kleinkriminellen, deren Außenseitertum nur darauf basierte, dass sie es in der Gesellschaft wegen fehlender Fähigkeiten ohne Club nie zu einem nennenswerten Einkommen geschafft hätten.

2009 schloss sich der gesamte Trailer-Trash-MC Satudarah an, ein Club, in dem sich hauptsächlich Zigeuner organisiert hatten. Auch sie Außenseiter auf der ganzen Welt.

So gelang es Satudarah, in zwei Jahrzehnten zum größten und einflussreichsten Club der Niederlande zu werden. Mittlerweile haben sie in den Niederlanden 400 Mitglieder in 22 Chaptern. Die Hells Angels kommen nur auf 17 Charter.

2012 war dann das Jahr der internationalen Expansion. Zunächst eröffnete das erste Satudarah-Chapter in Belgien, in Antwerpen. Dann war Deutschland dran.

PATCHOVER

»Nach BILD-Informationen hatten Mitglieder des ›Hells Angels‹-Unterstützerclubs ›Clan 81‹ gegen 19.30 Uhr mindestens zwei Männer vor dem ›Café Chancé‹ angegriffen. Einer der Angegriffenen soll Mitglied beim verfeindeten Rockerclub ›Gremium Bosporus‹ sein. Offenbar wollte der ›Clan 81‹ seine Gebietsansprüche deutlich machen.«

BILD, 4.8.2012, »Rockerattacke in Düsseldorf!«

Der Angriff beginnt am frühen Abend. Er dauert keine 20 Minuten, am Ende bleibt ein schwer verletzter Bruder liegen. Das »Internet- und Sportcafé« in Düsseldorf-Holthausen sieht von außen völlig unscheinbar aus. Die Fassade ist weiß gemauert, die Schaufenster sind nur im oberen Viertel durchsichtig, damit Passanten den Gästen nicht beim Kaffeetrinken zugucken können. Zwei Tafeln werben für die aktuellen Snack- und Getränkeangebote.

Der Besitzer des Cafés steht Gremium Bosporus nahe. Wir sind gern gesehene Gäste bei ihm. Für die Hells Angels ist das eine Provokation. Glauben sie doch immer noch, dass Düsseldorf ihre Stadt ist und andere Clubs hier nichts zu suchen haben.

Mag das vor ein paar Jahren noch gestimmt haben, wankt die Macht der Hells Angels mittlerweile auch im Rheinland. Bis vor Kurzem sorgten die Rot-Weißen für die Sicherheit im Rotlichtmilieu, jetzt gibt es immer mehr Clubs, die einen normalen Sicherheitsdienst beauftragen. Das hätte sich vor nicht allzu langer Zeit keiner getraut.

Die Macht an der Tür ist aber die Schlüsselposition für jeden Motorradclub. Wer die Tür kontrolliert, kontrolliert automatisch auch die Geschäfte, die im Club laufen, egal ob es um Prostitution oder Drogen geht. Die Rot-Weißen schäumen vor Wut über ihren Bedeutungsverlust. Dass mit Gremium jetzt auch in Düsseldorf ein anderer Club Präsenz zeigt, macht den Höllenengeln Angst. Zwischen Gremium und Hells Angels laufen Gespräche, die Engel fordern ein Kuttenverbot für uns in Düsseldorf. Wir sollen uns zwar in der Stadt bewegen können, nur nicht als Gremium Bosporus erkennbar sein.

Ihre Wut wollen sie an unserem Café auslassen.

Es ist Nachmittag, als 20 Männer auf das Café zukommen. Sie sind dunkel gekleidet, in ihren Händen halten sie Schlagstöcke. Scharfe Waffen scheint niemand dabeizuhaben, es rechnet wohl niemand mit ernsthaftem Widerstand. Die Männer gehören zum Clan 81, einem Unterstützerclub der Hells Angels. Einer unserer Brüder steht vor der Tür. »Ist der Chef da?«, fragt einer der Männer. Dann prügeln sie mit den Schlagstöcken auf den Wehrlosen ein. Sie gehen weiter ins Café, zertrümmern die Einrichtung.

Ein kurzer, hemmungsloser Gewaltexzess. In mörderischer Überzahl gegen den Chef eines kleinen Cafés. Bevor die Polizei auftaucht, sind alle wieder verschwunden.

Als ich von dem Überfall erfahre, ist mir klar, dass wir reagieren müssen. Wenn einer unserer Brüder angegriffen wird, muss zwingend Rache folgen. Das macht ja gerade die Stärke einer Gemeinschaft aus. Unsere Feinde greifen nie nur einen von uns an, sondern alle.

Der Fall wiegt aber noch schwerer. Denn hinter dem Angriff stehen keine persönlichen Motive. Die Hells Angels wollen uns als Club sagen, dass wir in Düsseldorf nichts zu suchen haben. Ihre Drohung soll uns dazu bringen, Düsseldorf aufzugeben und damit das lukrativste Rotlichtmilieu im Rheinland. Dann können wir als Gremium Bosporus jedoch gleich einpacken, können höchstens ein paar kleine Geschäfte machen, aber nie eine ernst zu nehmende Macht werden.

Die zweite mögliche Reaktion ist: mit aller Kraft zurückschlagen.

Es kann, so finde ich, nur Option Nummer zwei gewählt werden. Nur: Die Chefs sehen das anders. Unser Präsident will den Frieden mit den Hells Angels wahren. Sogar ein Kuttenverbot ist für ihn nicht ausgeschlossen. Wenn die Hells Angels sagen: »Wisst ihr, Düsseldorf ist Hells-Angels-Gebiet. Ihr könnt gerne herkommen, aber lasst dann eure Kutten zu Hause. Wie sieht denn das sonst aus?«, dann antwortet Gremium: »Ja klar, machen wir.«

Als Secretary kann ich nichts gegen den Präsidenten sagen. In der Hierarchie stehe ich auf Platz drei. Ich muss also zusehen, wie Gremium den Schwanz einzieht. Und ich denke an all die guten und starken Männer, die sich im Gremium Bosporus zusammengefunden haben und die nun zum Stillhalten verdonnert sind.

Besonders schmerzt mich dabei, dass der Kampf gegen die Hells Angels nicht aussichtslos ist. Ein anderer Motorradclub fährt mit seinen Kutten weiterhin durch Düsseldorf. Satudarah sagt den Hells Angels ganz klar: Ihr könnt uns einen blasen. Wer seid ihr denn? Wir tragen unsere Kutten, wo wir wollen, und wenn ihr was dagegen habt, dann versucht doch, sie uns abzunehmen.

Mir imponiert der Mut von Satudarah. Sie verkörpern das, was ich mir von Gremium erhofft hatte. Bei denen trauen sich die Hells Angels nicht, Ansagen zu machen. Dabei hat Satudarah viel weniger Männer als Gremium. Aber die Hells Angels wissen, dass die Satudarah-Mitglieder loyal zueinander stehen. Dass der gesamte Club Rache nimmt, wenn sie einen Mann angreifen. Und dass da sehr schnell einige Hundert Mann aus den Niederlanden herbeieilen, um ihren Brüdern zu helfen.

Das gibt den Satudarah-Mitgliedern die nötige Stärke, um sogar offen im Rotlichtmilieu von Düsseldorf um Türen zu werben. Die ersten Clubs sollen bereits erwägen, die Absprachen mit den Hells Angels zu brechen und dafür mit Satudarah zusammenzuarbeiten.

Eines Tages komme ich mit dem Secretary von Satudarah ins Gespräch. Eine Unterhaltung von Secretary zu Secretary ist nichts Ungewöhnliches, schließlich sind Satudarah und Gremium befreundet. Wir reden über Düsseldorf, über unsere Probleme mit den Hells Angels. Ich erzähle auch von meiner Geschichte in Hamburg,

Er sagt: »Wir haben bald eine Party in den Niederlanden, in Enschede. Der Präsi wird auch da sein. Komm doch vorbei. Ich stell dich dann vor.«

Als ich wenige Tage später auf meiner Harley in die Niederlande fahre, den Wind spüre, die Geschwindigkeit, das Gefühl von Freiheit, das du nur auf einem Motorrad hast, habe ich mich schon entschieden. Meine kurze Zeit bei Gremium Bosporus ist vorbei.

In den Niederlanden werde ich schnell mit Satudarah einig. Der Präsident sagt: »Geh da sauber raus, leg deine Kutte ab. Du bist bei uns willkommen.« Dann fügt er noch hinzu: »Wenn es da Männer gibt, denen du vertraust, gute Männer – dann bring sie mit.«

Ich nicke. Es gibt viele gute Männer im Gremium Bosporus.

Wir haben unsere Kutten sauber abgelegt. Etwa 70 Mann treten schließlich über. Das bedeutet das Ende von Gremium Bosporus, dafür die Geburt einer neuen Macht in Nordrhein-Westfalen.

Im nächsten Jahr wollen wir in Düsseldorf ein neues Chapter von Satudarah gründen. Ich werde die Männer führen. Ich hoffe, dass die Hells Angels akzeptieren, dass sich die Regeln ändern. Dass Einschüchterungen und Gewalt im Milieu aufhören müssen. Damit wir unseren Geschäften nachgehen können. Wahrscheinlich wird der Wunsch nicht in Erfüllung gehen. Aber ich habe keine Angst davor.

Ich fahre mit meiner Harley durch Ratingen und Düsseldorf. Ich trage die Farben von Satudarah. Noch hat es niemand von den Hells Angels gewagt, etwas dagegen zu sagen.

NACHWORT

Vielleicht fragt ihr euch, was euer Leben mit meinem gemeinsam hat. Es gibt, da möchte ich wetten, auch in eurem Leben einen Türken-Musa. Einen Mann, auf den ihr vertraut habt. Mit dem ihr euch etwas aufgebaut habt. Der sich von einem Tag auf den anderen von euch abgewendet hat. Es gibt auch in eurem Leben einen Knochenbrecher-Marcel. Mit dem ihr an einem Tag noch zusammengesessen habt und der euch am nächsten Tag ohne mit der Wimper zu zucken fertigmachen will, wenn er darin einen Vorteil sieht. Wenn ihr, nachdem ihr das Buch gelesen habt, vorsichtiger seid, hat sich die Lektüre doch schon gelohnt.

Der einzige Beruf, den die Gesellschaft noch weniger anerkennt als den der Prostituierten, ist der des Zuhälters. Aber solange es Frauen und Männer gibt, werden sich ein paar der Frauen für Sex bezahlen lassen. Und solange Sex ein Geschäft ist, wird es auch Männer geben, die dabei mitverdienen.

Bewertet nicht, was ich tue. Bewertet, wie ich es tue. Nicht alle Zuhälter verachten Frauen, nicht alle Zuhälter beuten ihre Frauen aus. Meinen Sohn habe ich mit einer Prostituierten, ich war schon in Prostituierte verliebt, ich hatte Beziehungen zu Frauen aus dem Milieu, da bin ich heute noch traurig, dass sie gescheitert sind. Als Bella, die für mich auf dem Straßenstrich gearbeitet hat, am Milieu und am Alkohol zerbrochen ist, tat mir das in der Seele weh. Ich habe versucht, ihr zu helfen, so gut es ging.

Natürlich gibt es Zuhälter, die ihre Frauen schlagen und ihnen das Geld wegnehmen. Die werden sich aber nicht lange im Geschäft halten. Weil sie nicht verstanden haben, dass es nichts Wichtigeres im Rotlicht gibt als Frauen.

Waffen wird es immer geben. Gerade im Rotlicht, wo man die Dinge ohne Polizei regelt. Ich saß im Knast, weil ich mir illegal Waffen besorgt habe. Ich habe mit meinen Waffen aber nie jemanden erschossen. Ich habe nie einen Unschuldigen mit ihnen verletzt. Jetzt, da ihr meine Geschichte kennt, könnt ihr vielleicht nachvollziehen, dass ich mich schützen muss. Wenn ihr das nächste Mal lest, dass bei einer Razzia in einem Bordell Waffen gefunden worden sind, dann denkt nicht gleich an schießwütige Zuhälter. Sondern an Männer, die ein gefährliches Leben haben und sich schützen wollen.

Auch Drogen wird es immer geben. Für mich war der Drogenhandel nichts, ich kann nicht ertragen, dass meine Kunden an meiner Ware kaputtgehen. Ich verachte aber Dealer nicht, die ihren Job korrekt machen. Der Süchtige wird sich seinen Stoff irgendwie besorgen. Man kann ihm da nur wünschen, dass er an einen Dealer gerät, der wenigstens ordentlichen Stoff verkauft, an dem seine Kunden nicht sofort krepieren.

Niemand hat von mir etwas zu befürchten. Außer er zieht in den Krieg gegen mich.

Wenn ihr in nächster Zeit die A 7 entlangfahrt, dann achtet mal auf Motorräder. Vielleicht fallen euch im Rückspiegel ein paar Harleys auf, die in Formation fahren. Erst nur schwarze kleine Punkte, die aber schnell näherkommen. Dann erkennt ihr, wie viele Maschinen das sein müssen, 50, vielleicht 100 Stück. Mit Männern, die so aussehen wie ich.

Wenn sie überholen, wird der Asphalt vibrieren. Wahrscheinlich sind das dann meine Jungs und ich. Auf dem Weg nach Hamburg.

Wo die Hells Angels vor uns zittern.

CHRONOLOGIE HAMBURGER ROTLICHTKRIEG

In den Jahren 2007 bis 2009 kommt es im Hamburger Rotlichtmilieu immer wieder zu Auseinandersetzungen. Hells Angels und Albaner stehen auf der einen Seite, die Gruppe um Gianni Sander und Türken-Musa auf der anderen. Nach einer Schießerei beim Straßenstrich Süderstraße gründet die Polizei die SoKo »Rotlicht«. Die Leiterin: »Mit dieser Schießerei ist eine Grenze überschritten worden.« Mit Festnahmen und Durchsuchungen versucht die Polizei, die Gewalt in den Griff zu bekommen.

18. September 2007: Gianni Sander wird in seinem Saunaclub »Tropicana« von Knochenbrecher-Marcel überfallen.

Anfang 2008: Türken-Musa kehrt nach Hamburg zurück.

6. März 2008: Knochenbrecher-Marcel wird zu zwei Jahren und neun Monaten Haft wegen des Überfalls auf Gianni verurteilt.

15. März 2008: Ismail Ö. wird an einer Tankstelle in der Nähe des Straßenstrichs Süderstraße von zehn maskierten Männern verprügelt und ins Knie geschossen. Er gilt als Vertrauter von Türken-Musa.

17. April 2008: 80 Beamte durchsuchen drei Lokale auf der Reeperbahn.

11. Juli 2008: Razzia bei einem illegalen Waffenhändler, der das Hamburger Rotlicht beliefert.

14. Juli 2008: Dariusch F. wird wegen des Verstoßes gegen das Waffengesetz bei dem Überfall auf Ismail Ö. zu zwei Jahren auf Bewährung verurteilt.

17. Juli 2008: Großrazzia der Hamburger Polizei. 130 Polizisten durchsuchen Wohnungen und Bordelle, stellen Pistolen und Handgranaten sicher.

23. Oktober 2008: Gianni Sander wird festgenommen, nachdem bei ihm nach einer Razzia eine Waffe gefunden wird. Er kommt aber einen Tag später wieder frei.

24. Oktober 2008: Gianni Sander kündigt den Bau des Großbordells »Tropicana Islands« in Hamburg-Wandsbek an. Hier sollen 300 Frauen anschaffen. Gegen die Pläne bildet sich eine Bürgerinitiative – der Plan scheitert schließlich.

25. März 2009: Türken-Musa wird festgenommen. Er soll eine 16-Jährige als Prostituierte im »Tropicana« beschäftigt haben.

20. Juni 2009: Vor dem Saunaclub »Atmos« wird Erdogan A. (38) niedergeschossen. Er soll von Türken-Musa zu den Hells Angels und Albanern gewechselt sein.

14. Juli 2009: Türken-Musa wird zu zwei Jahren Haft wegen illegalem Waffenbesitz verurteilt. Er wird 2011 in die Türkei abgeschoben.

CHRONOLOGIE ROCKERKRIEG NRW

Nordrhein-Westfalen ist das von den Rockerclubs am stärksten um-
kämpfte Gebiet in Deutschland. Hier treffen die Einflussbereiche von
Bandidos und Hells Angels aufeinander. Die Bandidos haben bisher
die Vorherrschaft im Ruhrgebiet, die Hells Angels im Rheinland. Seit
2009 wird der Krieg offen ausgefochten.

8. Oktober 2009: Der 32-jährige Bandido Eschli E. wird vor dem
Clubhaus der Bandidos in Duisburg erschossen. Der Hells Angel Timo
A. hatte sich ins Territorium der Bandidos gewagt, hielt mit seinem
Auto direkt vor dem Clubhaus der Bandidos. Als Eschli E. ihn be-
droht, zieht Timo A. eine scharfe Waffe, schießt viermal auf Eschli E.,
ein Schuss trifft ihn in den Kopf.

18. Oktober 2009: Eschli E. wird beerdigt, mehr als 1000 Menschen
kommen zur Beerdigung, 300 Bandidos fahren danach in einem Mo-
torrad-Konvoi nach Gelsenkirchen.

31. Oktober 2009: Massenschlägerei vor dem »Fat Mexican«, einem
Restaurant der Bandidos. Die Polizei muss tatenlos zusehen, wie Hells
Angels und Bandidos aufeinander einschlagen. Offenbar eine Reaktion
auf den Tod von Eschli E.

1. November 2009: Auf das Vereinsheim der Hells Angels in Solingen
werden Schüsse abgegeben, eine Handgranate wird ins Obergeschoss
geworfen. Kurz darauf feuern Unbekannte auf das Vereinsheim der
Bandidos in Essen.

26. Mai 2010: Hells Angels und Bandidos vereinbaren eine Waffenru-
he. In einer Kanzlei in Hannover geben sich der Vizechef der Bandidos
und Hells Angel Frank Hanebuth die Hand.

30. August 2010: Hells Angel Timo A. wird von einem Schwurgericht in Düsseldorf wegen der Schüsse auf den Bandido Eschli E. zu elf Jahren Haft wegen Totschlags verurteilt.

23. Juli 2011: Nur durch den Einsatz einer Polizei-Hundertschaft gelingt es, einen Kampf zwischen Hells Angels und Bandidos zu verhindern. Etwa 20 Bandidos und ebenso viele Hells Angels treffen vor einer Diskothek in Köln aufeinander, kurz darauf stehen sich die Clubs in Leverkusen gegenüber.

14. Januar 2012: An der Trabrennbahn in Dinslaken wird der Club Gremium Bosporus West gegründet. Nur wenige Tage später marschieren Mitglieder des neuen Clubs in Kutten durch das Centro-Einkaufszentrum in Oberhausen, das eigentlich zum Gebiet der Bandidos gehört.

24. Januar 2012: Massenschlägerei zwischen Bandidos und Hells Angels im Kneipenviertel von Mönchengladbach. Etwa 60 Rocker kämpfen auf beiden Seiten. Ein Hells-Angel-Prospect wird durch einen Messerstich lebensgefährlich verletzt. Am nächsten Tage detoniert eine Handgranate vor dem Clubhaus der Bandidos in Herne.

15. März 2012: Bei einer Razzia beim Rockerclub Clan 81, der die Hells Angels unterstützt, findet die Polizei in Düsseldorf eine Plantage mit etwa 3000 Cannabis-Pflanzen.

26. April 2012: Das Bandidos-Chapter Aachen und fünf Unterstützerclubs werden verboten.

3. Mai 2012: Verbot des Hells-Angels-Charters in Köln und seiner Unterstützerclubs.

1. Juni 2012: Der niederländische Club Satudarah MC gründet in Duisburg sein erstes Chapter in Deutschland.

3. August 2012: Der Präsident des Kölner Charters der Hells Angels, Günter L., wird wegen versuchter Anstiftung zum Mord festgenommen. Er soll den Mord an einem Bandido und einem abtrünnigen Hells Angels befohlen haben.

5. August 2012: Ein Mann, der dem Satudarah MC nahestehen soll, schießt mehrmals auf ein an einer Ampel stehendes Auto eines Hells Angels. Er trifft aber nur den Asphalt.

18. August 2012: Handgranatenanschlag auf das Clubhaus der Hells Angels in Duisburg.

23. August 2012: Handgranatenanschlag auf ein Wettbüro der Hells Angels in Duisburg. Als Täter vermutet die Polizei den Satudarah MC.

GLOSSAR

81: Der Zahlencode steht für die Hells Angels, A ist der erste und H der achte Buchstabe des Alphabets. Viele Unterstützerclubs, wie der Clan 81, tragen die Zahl im Namen, um ihre Verbundenheit mit den Höllenengeln auszudrücken, ohne den markenrechtlich geschützten Schriftzug »Hells Angels« zu benutzen.

Abstecke: die Summe, die ein Zuhälter dem alten Zuhälter zahlen muss, wenn er eine Prostituierte übernehmen will. Die Abstecke, die mehr als 50 000 Euro betragen kann, legt der neue Zuhälter aus, die Prostituierte muss die Summe dann bei ihm abarbeiten. Durch diese Schulden wird oft auch Druck auf die Frauen ausgeübt.

Ackern: anschaffen gehen, sich in Bordellen oder auf dem Straßenstrich prostituieren.

Ankobern: Ansprechen eines potenziellen Freiers durch eine Prostituierte. Sozusagen die Werbung um den Kunden. Auch die Türsteher, die vor Sexclubs Passanten ansprechen, um sie zu überzeugen, in den Club zu gehen, werden Koberer genannt.

Bandidos: Motorradclub, der 1966 in Texas gegründet wurde und mittlerweile weltweit 2500 Mitglieder hat. Seit 1999 ist der Club auch in Deutschland vertreten, hat hier derzeit 71 Chapter mit etwa 600 Mitgliedern.

Bones: Der 1986 in Frankfurt gegründete Motorradclub schloss sich 1999 den Hells Angels an.

Bruder: Die Mitglieder eines Rockerclubs bezeichnen sich untereinander als Brüder. Das soll den Zusammenhalt im Club symbolisieren.

Chapter: die Ortsgruppe in einem Rockerclub. Meist sind die Chapter unabhängig voneinander organisiert, damit bei Verboten nicht das ganze Vermögen des Clubs beschlagnahmt wird, sondern nur das Vermögen des jeweiligen Chapters.

Charter: Im Gegensatz zu allen anderen Motorradclubs nennen die Hells Angels ihre Ortsgruppen nicht Chapter, sondern Charter.

Colour: das Symbol des Clubs, das auf dem Rücken der Kutte getragen wird. Es besteht aus dem »Top Rocker«, dem Namen des Clubs, dem »Bottom Rocker«, meist dem Herkunftsort, und einem Bild in der Mitte, bei den Hells Angels ist es beispielsweise ein Totenkopf mit Flügelhelm.

Einprozenter: Angeblich soll der US-Motorradverband AMA nach den Ausschreitungen von Hollister die Mitteilung veröffentlicht haben, dass nur ein Prozent der Motorradfahrer Raufbolde seien. Die Gesetzlosen, die sich bedingungslos dem Lebensstil der Outlaws verschrieben hatten und bürgerliche Vorstellungen von Recht und Ordnung ablehnten, sahen es als Auszeichnung an, zu diesem einen Prozent zu gehören. Seither tragen viele Clubmitglieder einen Aufnäher mit der Zahl Eins und einem Prozentzeichen auf der Kutte. Die Mitteilung des AMA ist aber wahrscheinlich nur eine Legende – es konnte nie ein Beleg für diese Aussage gefunden werden.

Falle schieben / auf Falle arbeiten: Die Prostituierte spielt dem Freier den Geschlechtsverkehr nur vor. Beispielsweise reibt sie den Penis des Freiers an ihrem Oberschenkel, anstatt ihn vaginal einzuführen. Funktioniert besonders bei betrunkenen Freiern.

Festmachen: Für ein Vergehen im Milieu wird oft ein Strafgeld aufgerufen. Dieses Strafgeld wird oft mit Druck durchgesetzt, akzeptiert eine Seite die Summe, wurde sie auf den Betrag »festgemacht«.

Freebiker: ein Motorradfahrer, der sich keinem Club angeschlossen hat.

Gangster GMBH: eine Gruppe junger, meist türkischer Migranten, die im Bereich Schutzgelderpressung und Sicherheitsdienst in Hamburg in den 90er-Jahren ihr Geld machte. Chef war Türken-Musa, nach seiner Inhaftierung und Abschiebung löste sich die Gruppe aus.

GMBH: eine Zuhältergruppe, die in den 70er- und 80er-Jahren auf der Hamburger Reeperbahn die meisten Frauen hatte. Benannt nach den Anfangsbuchstaben der Chefs: Gerd, Mischa, Beatle, Harry.

Gremium: Der Gremium Motorradclub wurde 1972 in Mannheim gegründet, ist mit 72 Chaptern und etwa 2000 Mitgliedern der größte deutsche Motorradclub. Im Verfassungsschutzbericht Bayern wird er mit Menschenhandel, illegaler Prostitution, Drogen- und Waffenkriminalität in Verbindung gebracht.

Hamburger Jungs: eine Gruppe von knapp 90 Zuhältern, die bis Ende der 2000er-Jahre die meisten Prostituierten auf dem Hamburger Kiez kontrollierten.

Hangaround: Ein Hangaround ist noch nicht Mitglied in einem Club, auch noch nicht Anwärter (Prospect) auf eine Clubmitgliedschaft. Der Weg zu einer Mitgliedschaft führt oft über eine längere Zeit als Hangaround. Diese Männer sind auf dem Clubgelände geduldet, müssen sich aber nach den Anweisungen der Clubmitglieder richten.

Hells Angels: der weltweit bekannteste Motorradclub, gegründet im Jahr 1948 in Kalifornien. Er ist in 32 Ländern aktiv, 1973 wurde der erste Ableger in Hamburg gegründet, der seit 1983 verboten ist. Die deutschen Hells Angels haben 51 Charter und etwa 700 Mitglieder.

Hollister: der Gründungsmythos der Rocker in Amerika. In der US-Kleinstadt in Kalifornien fand vom 3. bis 6. Juni 1947 ein Motorradtreffen statt. Es kam zu vereinzelten Ausschreitungen. In der Presse wurde die Veranstaltung aber wilder dargestellt, als sie eigentlich war. Berühmt wurde das Foto eines Harley-Fahrers, der inmitten von Glasscherben Bier trinkt. Auch wenn später bekannt wurde, dass das Foto gestellt war, wurde es zum Symbol der Rockerszene. Seither gilt Hollister als Geburtsort des Outlaw-Mythos.

Kiez: Bezeichnet in Hamburg das Rotlicht- und Amüsierviertel rund um die Reeperbahn im Stadtteil St. Pauli. In Hannover wird in Anlehnung an Hamburg das Steintorviertel auch Kiez genannt. In Berlin werden mehrere Stadtteile als Kiez bezeichnet, ganz ohne Rotlichtbezug.

Kutte: eine ärmellose Lederweste, an der die Mitglieder von Motorradclubs ihre Abzeichen anbringen. Sie ist den Mitgliedern heilig, es gilt als schwerste Demütigung, wenn einem Rocker die Weste von einem verfeindeten Club abgenommen wird.

Member: Mitglied eines Motorradclubs. Es kann Jahre dauern, bis ein Mann die Vorstufen Hangaround und Prospect durchlaufen hat.

Motorcycle Club (MC): Zusammenschluss von Motorradfahrern.

Nomads: Rocker, die einem Club angehören, aber keinem Chapter.

Nutella-Bande: eine Gruppe von jungen Zuhältern, die in den 80er-Jahren der GMBH auf der Hamburger Reeperbahn die Geschäfte streitig machten. Mitglieder waren »der schöne Klaus« und »Karate-Thommy«.

Omertà: bezeichnet das Gesetz zu schweigen. Ursprünglich wurde der Begriff von der italienischen Mafia benutzt. Da es ein wichtiges Erfolgsprinzip der organisierten Kriminalität ist, unter keinen Umständen mit der Justiz zu kooperieren, weil bereits ein Verräter die aufgebauten Strukturen zerstören kann, haben fast alle kriminellen Organisationen die Omertà übernommen. Auch Motorradclubs oder Angehörige des Rotlichtmilieus kooperieren meist nicht mit der Polizei.

Patch: Aufnäher an der Kutte. Sie signalisieren die Zugehörigkeit zu einem Club, die Funktion im Club, teilweise auch besondere Verdienste.

Patchover: bezeichnet den Wechsel eines ganzen Clubs oder einzelner Mitglieder eines Clubs zu einem anderen. Dabei werden die Aufnäher der Kutte getauscht.

Poussieren: einer Prostituierten schöne Augen machen, um sie davon zu überzeugen, ihren Zuhälter zu verlassen, damit sie für jemand anderen anschaffen geht.

Präsident: der Chef eines Chapters.

Prospect: Anwärter auf eine Mitgliedschaft in einem Motorradclub. Die Phase dauert mehrere Jahre, in denen der Anwärter Dienste für die Mitglieder verrichten muss.

Rasieren: beklauen.

Rocker: In Deutschland werden Mitglieder eines MCs Rocker genannt. International ist die Bezeichnung Biker üblich.

Satudarah MC: Der niederländische Motorradclub Satudarah wurde 1990 in Moordrecht gegründet. Der Club soll den Bandidos nahestehen und mit den Hells Angels verfeindet sein. Fünf der zehn meistgesuchten Verbrecher der Niederlande sollen Mitglied bei Satudarah sein.

Solide: Eine Frau, die nicht anschaffen geht, sondern einen bürgerlichen Job hat, wird solide genannt.

Steige: Stundenhotel, in das Straßenprostituierte mit ihren Freiern gehen.

Steintorviertel: das Rotlichtviertel in Hannover.

Supporterclubs: Die großen MCs haben alle Unterstützerclubs. Sie helfen den Clubs bei Aktionen, kümmern sich oft um die Drecksarbeit oder werden aktiv, wenn das Risiko groß ist.

Die Tür machen: die Türsteher stellen, beispielsweise bei Diskotheken und Bordellen. Die Gruppe, die den Türsteher stellt, hat oft auch im Laden das Sagen, weil sie steuern kann, wer im Lokal Drogen verkauft und welche Zuhälter Prostituierte in das Bordell bringen können. Außerdem ist das Angebot, den Türsteher zu stellen, manchmal eine verdeckte Form der Schutzgelderpressung. Wenn ein Wirt den Türsteher einer Gruppe nicht akzeptiert, wird oft gedroht, dass in diesem Fall Ärger auf den Landen zukommt. Der Preis für die Türsteher ist dann deutlich höher als marktüblich.

Wirtschafter: das männliche »Mädchen für alles« in einem Bordell. Er kümmert sich darum, dass der Laden läuft, und macht die Abrechnungen mit den Frauen.

DIE AUTOREN

Gianni Sander, 35, fing mit 17 als Türsteher in Düsseldorf an, stieg dann in den Drogenhandel ein, wurde Geschäftsführer zweier Edelbordelle und einer der mächtigsten Bosse im deutschen Rotlichtmilieu. Immer wieder ermittelte die Polizei gegen ihn, er musste mehrfach untertauchen. In Hamburg eröffnete er einen Saunaclub und konkurrierte mit den Hells Angels und Albanern um die Vorherrschaft im Milieu, bis ein wahrer Rotlichtkrieg um Geld, Frauen und Einfluss ausbrach. Heute lebt er im Ruhrgebiet, wo er einen neu gegründeten Motorradclub unterstützt.

Marc-André Rüssau, 32, ist Nachrichtenredakteur bei *BILD am SONNTAG*, berichtet über Kriminalfälle und Gerichtsverhandlungen. 2008 und 2009 recherchierte er für *BILD* im Hamburger Rotlichtmilieu und lernte Gianni Sander kennen, damals Chef eines Hamburger Bordells und verdächtig, einen Anschlag auf einen Konkurrenten in Auftrag gegeben zu haben. In den folgenden Jahren hielt er Kontakt zu Sander und es entstand die Idee zu diesem Buch.

Die wahre Geschichte der Hells Angels

Auch als **E-Book** erhältlich

304 Seiten
Preis: 19,99 €
ISBN 978-3-86883-207-5

George Wethern
Böser Engel
Die wahre Geschichte
der Hells Angels

In dieser atemberaubenden Autobiografie erzählt George Wethern – Vizepräsident des ersten Hells-Angels-Charters in Oakland unter Bikerlegende Ralph »Sonny« Barger – von seinem Leben als Outlaw-Biker. Einem Leben, das geprägt war von Drogen, Waffen, Gewalt und den geheimen Ritualen eines Männerbundes. Wetherns Buch ist zugleich die Gründungsgeschichte der Hells Angels, die auf erschütternde Weise belegt, dass die ersten Charter hart an dem schlechten Ruf gearbeitet haben, der den Hells Angels heute vorauseilt.

Wie die Hells Angels, Deutschlands Unterwelt eroberten

Auch als **E-Book** erhältlich

352 Seiten
Preis: 19,99 €
ISBN 978-3-86883-248-8

Stefan Schubert
Wie die Hells Angels Deutschlands Unterwelt eroberten

Von den einen bewundert, von den anderen gefürchtet und gehasst – die Hells Angels sorgen seit Jahrzehnten für kontroverse Diskussionen. In den letzten Jahren fielen sie besonders in Deutschland durch einen regelrechten Bandenkrieg mit den verfeindeten Bandidos auf, der zahlreiche Todesopfer forderte. Einige Charter wurden daraufhin verboten, weitere Verbote stehen auf der Agenda deutscher Innenminister.

Was war passiert, dass aus dem Zusammenschluss einiger Halbstarker in Kalifornien eine internationale Bruderschaft wurde, die heute in 47 Ländern präsent ist und auf allen fünf Kontinenten nach ihren eigenen archaischen Regeln agiert?

Der beste Scharfschütze des US-Millitärs packt aus

Auch als E-Book erhältlich

400 Seiten
Preis: 19,99 €
ISBN 978-3-86883-245-7

Kyle, Chris
McEven, Scott
DeFelice, Jim
Sniper
160 tödliche Treffer –
Der beste Scharfschütze
des US-Millitärs packt aus

Chris Kyle diente von 1999 bis 2009 bei den US Navy SEALs und verzeichnete in jener Zeit den höchsten »Bodycount« – also die höchste Zahl an tödlichen Treffern – in der amerikanischen Militärgeschichte. 160 gezielte Liquidationen schreibt ihm das Pentagon offiziell zu. In dieser eindringlichen Autobiografie er-zählt der gebo-rene Texaner, der schon als Kind auf Jagdaus-flügen mit seinem Vater das Schießen lernte, die Geschichte seiner außergewöhnlichen Karrie-re. Nach dem 11. September 2001 wurde er im Kampf gegen den Terror an die Front geschickt und fand kurze Zeit später seine Berufung als Scharfschütze. Hart und ehrlich redet Kyle über die Schattenseiten des Krieges und das brutale Handwerk des Tötens.

Die Einheit, die Osama bin Laden tötete

400 Seiten
Preis: 19,99 €
ISBN 978-3-86883-183-2

Howard E. Wasdin
Templin, Stephen
Navy Seals

Team 6
Ein Elitekämpfer
enthüllt die Geheim-
nisse seiner Einheit

Die Navy Seals sind die Elitetruppe der US-Streit-
kräfte. Sie durchlaufen die härteste Ausbildung
der Welt und werden nur in den schwierigsten
und gefährlichsten Situa-tionen eingesetzt. Das
Seal Team Six ist die Einheit, die den Terroristen-
führer Osama bin Laden tötete.

Dieses einzigartige und fesselnde Buch bietet
exklusive Einblicke in die geheime Welt der Navy
Seals und verrät, wie diese Spezialeinheit funktioniert, wie sie ihre Mitglieder rekrutiert und wie
das Seal Team Six Osama bin Laden in Pakistan
aufspürte und liquidierte.